바위와 물길

내 생애 속 인천 ❸
바위와 물길
— 노동의 땅 인천에서 평화를 꿈꾸며

2025년 12월 10일 처음 펴냄

지은이   안재환 이성수
펴낸이   김영호
펴낸곳   도서출판 동연
등 록   제1-1383호(1992. 6. 12.)
주 소   서울시 마포구 월드컵로 163-3
전화/팩스   02-335-2630 / 02-335-2640
이메일   yh4321@gmail.com
인스타그램   instagram.com/dongyeon_press

Copyright ⓒ 안재환, 이성수, 2025

이 책은 저작권법에 따라 보호받는 저작물이므로 무단 전재와 복제를 금합니다.
잘못된 책은 바꾸어드립니다.

ISBN 978-89-6447-065-7 04040
ISBN 978-89-6447-448-8 04040('내 생애 속 인천' 시리즈)

내 생애 속 인천 3

바위와 물결

노동의 땅 인천에서 평화를 꿈꾸며

안재환 이성수 지음
양진채 감수

안재환 이성수 편

동연

책을 펴내며

　철쭉이 만발할 때 시작했던 자서전 쓰기가 감이 붉게 익는 겨울 초입에 장장 네 권의 책으로 출판되었습니다.
　처음 프로그램을 시작하면서 이 자서전 쓰기는 내 이야기이며 우리의 이야기이자 이 사회가 어떻게 변해왔고, 역사가 되었는가에 대한 성찰이기도 하다고 했습니다. 제가 이 프로그램에 함께한 이유이기도 하고, 선배님들이 그 어려운 자서전을 끝내 만만치 않은 분량으로 완성해 낸 이유이기도 합니다.
　이번 자서전 쓰기에 참여한 선배님들은 노동 현장, 교육 현장에서, 종교계, 혹은 복지 현장이나 사회조직에서 누구보다 치열하게 살고 싸워왔던 분들입니다. 이분들의 이야기야말로 인천 사회운동 역사의 기록이며, 이 사회가 어떻게 한 걸음 더 발전해 왔는지 살아 있는 증언이기도 합니다. 그래서 이 자서전은 특별합니다.
　누구나 이렇게 살 수 있었던 삶이 아닙니다. 사회를 변혁시키기 위해 자신이 선 자리에서 싸워야 했고, 구속을 감수해야 했고, 악랄한 폭력과 고문을 견뎌야 했던, '나'가 아니라 '우리'를 위해 살아온 삶의 기록입니다. 그래서 저는 원고를 정리하는 동안 때때로 가슴 벅찼고, 뭉클해졌고, 숙연해졌습니다.

안재환 선배님은 기억을 많이 잃어 신정길, 이계환, 이형진, 이성수 선생님 등의 도움을 받았습니다. 안재환 선배님은 80년대에 소위 운동권의 거물로 인천부천민주노동자회 회장, 한국노동운동단체협의회 조직위원장 등을 맡았습니다. 공안당국으로부터 조작된 조직 사건으로 구속이 되기도 했습니다. 그런데 같이 일했던 사람들은 그를 겸손하고 신중하며 또 상대의 말을 경청하고 존중하는 사람이라고 기억하는가 하면, 어디를 가나 언제 어디든 운전을 마다하지 않은 사람, 실업극복 운동을 할 때 음식물 찌꺼기 처리하느라 온갖 냄새와 추위를 마다 않던 사람, 너무 착해빠진 사람이라고 기억합니다. 이 간극이 좋아 진즉에 기억을 잃기 훨씬 적에 만났더라면 하는 생각을 여러 번 했습니다.

이성수 선생님은 사회복지 활동을 주로 해왔습니다. 그런가 하면 지역의 요구에 따라 시장의 시민사회특별보좌관, 인터넷신문사 기획실장, 마을 활동 등 정말 다양한 활동을 해 온 지역의 마당발입니다. 환갑이 넘었는데도 지역에서는 여전히 막내처럼 잡일을 마다하지 않고 앞장섭니다. 이성수 선생님은 주머니 많이 달린 조끼를 입고 그 주머니 안에 온갖 일 처리에 필요한 공구나 서류를 넣어 다니는 분 같습니다. 오늘도 그의 주머니 속 전화는 쉴 사이 없이 울리고, 그는 주머니를 뒤져 공구를 꺼내고 있을 것입니다.

선배님들의 글을 보며 "우리는 어떤 사회를 만들고자 했는가" 다시 물었습니다. 이 물음은 지금도 유효하다고 생각합니다. 우리 사회의 공통 가치를 실현해 나가며 더 나은 사회를 만드는 데 이 책이 좋은 지침이 되길 바랍니다.

    1970, 80년대를 누구보다 앞장서 싸워왔던 선배님 중 많은 분이 미처 삶을 기록하지 못한 채 몸과 마음이 불편해졌습니다. 그분들의 삶을 진즉에 기록하지 못한 것은 정말 안타까운 일입니다. 그런 의미에서 이 책의 모태가 된 부평도서관의 기획 프로그램은 '한 운동가의 기록을 사회의 역사'로 만든 소중한 자산이라 생각합니다. 무엇보다 더 늦기 전에 삶을 기록하려고 투쟁하듯 글을 쓰신 선생님들께 깊은 경의를 표합니다.

감수자 소설가 양진채

차 례

책을 펴내며   5

1부 ǀ 평화를 꿈꾸며 _ 안재환

I. 어린 시절에서 고등학생 때까지   14
    나의 살던 고향은   14
    어린 시절   15
    광화문 야간 고등학교   16
II. 동국대학과 감옥 대학   17
    대학교 시절   17
    새문안교회에서   18
    가리방과 유인물   19
    목요회 광화문 시위   21
    구치소와 감옥 대학   23
III. 노동운동   28
    노동 현장 준비   28
    동흥전기 노동조합   30
    아! 강석태 동지   31
IV. 인천에서의 정치투쟁   35
    인천 지역 정치활동   35
    민주노조 결성의 견인차 공실위   39
    노동조합과 대중 정치활동을 새롭게   44
    1987년 6월 항쟁과 7, 8월 노동자투쟁   45
V. 인노회(인천부천민주노동자회)   50
    1988년 인천부천민주노동자회   50
    1988년 회원 가입 안내문 팸플릿   60
    인노회에 대한 탄압   62
    인노회 회원들의 명예 회복과 재심 과정   67

남은 문제들	70
인천지역노동운동단체협의회(인노운협)와 인천지역사회운동연합(인사연)	72
한국노동운동협의회(한노협)	75
VI. 국민 운동과 통일 운동	77
IMF와 실업극복국민운동본부 그리고 마을 운동	77
서해협력 포럼	83
나의 소원 평화통일	94
(사)평화철도와 러시아 횡단열차 기행	98
VII. 나보다 나를 더 잘 아는 이성수, 이계환	106
VIII. 마무리하며	119

　　안재환 연표   122

2부 ǀ 살며 사랑하며 배운다 _ 이성수

I. 나의 어린 시절	125
기차 소리가 내 울음소리보다 크다	125
달동네에 핀 꽃	129
나의 아버지	133
어머니!	138
II. 중학교 시절	142
선린중학교	142
벼락치기 공부	146
III. 기능올림픽 청년	148
용산공고	148
나의 배움과 꿈	150
IV. 대학 시절 - 사회를152 배우고 알아가는 삶과 민주화운동	152
대학 시절의 시작: 낭만과 배움	152
지식과 실천의 확장	154
학생 민주화운동	157
영혼을 땅에 묻다	167

V. 민중의 바다 인천, 노동자가 되다   172

    시행착오   172
    우성중공업, 노동조합을 만들다   174
    도망친 적이 있어서, 더는 도망치지 않았다   178
    위장취업   181
    울산 출장과 노동의 교훈   183
    새로운 운동을 위하여   184

VI. 사회복지 현장 – 배움과 성장의 기록   187

    사회복지 그리고 새로운 시작   187
    '추모의 전화'   189
    복지관 선거와 행정   194
    국민의 기초생활을 보장하라   197
    부평자활, 우리들의 성자   198
    더불어숲 헌책방을 만들다   200

VII. 시민 정치활동   202

    지방선거를 향한 연대   202
    시민사회 특보, 정치 행정   209
    시민사회운동   212

VIII. 광역자활과 도시재생   214

    일자리는 건강한 가족의 든든한 토대   214
    자리의 어려움   215
    사회적기업가 사관학교   218
    정경사숙에서 배우다   219
    공동체의 온도: 마을의 상처를 꿰매자   222
    '동네야 놀자'의 추억   223
    〈평등가족〉   225
    어쩌다 보니 주민자치위원장   226
    시민사회단체연대 실무자 평화기행
       — 2023년 10월 27일부터 10월 30일까지   229

IX. 은퇴 그리고 새로운 시작을 준비하며   238

X. 글을 마무리하며   241

    이성수 연표   243

1부

평화를 꿈꾸며

안재환

글을 읽기 전에 내가 어떤 상태인지부터 말해야겠다. 나는 지금 과거의 기억을 거의 하지 못하는 편이다. 그래서 그동안 활동했던 내용이나 동료의 이름도 대부분 기억하지 못한다. 누군가 구체적으로 이야기를 꺼내면 "맞아" "그렇지" 하는 정도이다. 책상에 앉아 책을 읽거나 글을 쓰는 일도 쉽지 않다. 이번 자서전 쓰기 프로그램은 이렇게 살아온 이야기를 기록하는 게 어떤 의미가 있을까 하는 의구심이 있다. 함께 참여하는 동료 선후배와 이 프로그램을 맡은 양진채 작가가 개인의 삶을 사회 환원하여 이 사회를 살아가는 젊은이들에게 어떻게 살아가야 하는가 고민을 던져주는 데 의미가 크다고 하여 따를 뿐이다.

내 자서전은 예전에 내가 인터뷰했던 내용을 자서전 형태로 바꿨고, 또 인부노회 사건이나 무엇보다 잘했다고 생각하는 공실위 관련한 공동의 기록도 자료 차원에서 같이 실었다. 나에 대해 나보다 더 글을 잘 써준 이성수, 이계환에게도 고맙다는 말을 전한다.

I. 어린 시절에서 고등학생 때까지

나의 살던 고향은

자동차 부품 사업을 하시는 아버님과 어머님 사이에서 오남 일녀 중에 삼남으로 태어났다. 위로 형님 둘이 계시고 남동생(기환, 철환) 둘과 누이가 있다. 어릴 때 주로 살던 곳은 서울시 성북구 월곡동, 장위동, 종암동, 미아동 등 변두리로 비교적 좀 어려운 동네의 출신이다. 형님들은 공부를 곧잘 하여 의사인 큰형님은 미국 이민 가서 살고, 항해사인 둘째 형은 외국에서 살다가 몇 년 전 은퇴하고 고국으로 돌아오셨다. 나이 차이도 45년생과 47년생이었다.

아버님은 서울 출신으로 24년생이다. 아버님은 15세부터 운전도 하시고, 자동차 기술을 갖고 카센터도 운영했다. 자동차 부품도 판매하며 돈을 벌기도 하였다. 자동차 연료공급장치 특허를 받아 사업을 벌이다 부도를 내기도 하여 부침이 심했다. 아버지의 꿈은 맹물로 굴러가는 자동차를 만드는 것이었다. 물로 가는 자동차라니. 상상력도 대단하지만 뻥도 그럴싸해서 "물로 가는 자동차를 연구한다"는 핑계로 일제강점기 때 강제징용도 면제받았다는 얘기가 집안의 전설로 내려온다. 기억이 나는 것은 아버지의 제자 중에 영삼 형이라는 분이 있었다. 아버지가 하는 카센터를 찾아가면 친절하기도 하고, 뭔가 기술을 알려주려고 하며 맛있는 것도 사준 기억이 난다.

어린 시절

1964년 무학국민학교에 입학하고, 종암국민학교를 거쳐서 장위국민학교를 졸업하였다. 이렇게 국민학교를 세 곳이나 다니게 된 것은 아버지의 자동차 사업의 부침이 큰 탓이었다. 생활이 어려울 때는 돈을 벌기 위해 신문 배달을 하기도 하였다. 산비탈 위쪽의 월곡동에 신문배급소를 찾아갔다. 여사무원이 국민학생이 신문 배달을 한다고 하니 안타깝기도 하고 대견하게 생각했는지 곧바로 배달 일을 하게 해주었다. 「경향신문」이었는데 80부에서 100부 정도로 많은 부수는 아니지만, 구독자들이 멀리 떨어져 있어 국민학교 학생으로는 쉬운 일이 아니었다. 지금이야 「경향신문」이 알려져 있지만 그때는 아니었다. 월곡동에는 산동네 마을이 많아 신문 보는 사람이 많지 않았다. 골목도 많고 겨울이 되면 산동네에는 빙판이 많아 미끄러지기 일쑤였다. 그런 산동네 신문 배달 일을 누구한테 인계를 못 해주고 1년을 넘기고, 경신중학교에 입학해서야 중단할 수 있었다.

내가 어려서부터 신경이 쓰인 것은 5살 아래 막냇동생(안철환)이 소아마비에 걸려서 두 다리를 쓰지 못해 건강도 문제지만 국민학교도 입학하지 못한 일이었다. 어머니가 어떻게 융통을 해서 동생을 국민학교에 편입학시켜 4학년부터 다니게 하였다. 어머니하고 나하고 막냇동생 뒷바라지하느라 노심초사였다. 국민학교 5학년, 6학년 때는 교실이 5층에 있어서 수업에 들어가게 하기 위해서는 업어서 계단을 올라야 했다. 막냇동생을 학교에 데려다주다 보니 나는 야간 고등학교를 선택할 수밖에 없었다.

광화문 야간 고등학교

우리 고등학교는 광화문 근처에 있었다. 광화문 근처는 지금하고 달리 그 당시에는 차도 별로 안 다녔다. 1974년도 우리 학교 부근에 경기고등학교가 있었고, 길 건너면 서울고등학교 또 반대쪽으로는 경복고등학교도 있었다. 전부 다 명문고등학교였다. 야간과 달리 중동고등학교도 주간반은 명문이었다. 야간 수업을 마치고 나오는 밤 9시쯤 도서관에서 공부하고 나온 명문고등학교 애들을 만나게 되면 참 꼴이 우스웠다. 게다가 야간반은 직장 다니는 나이가 든 친구도 많아 참 여러모로 체면이 서지 않았다.

고등학교 2학년 때였다. 8월 15일 광복절 행사를 TV로 시청을 하다가 육영수 여사가 국립극장에서 행사 중에 총탄에 쓰러지는 걸 봤다. 혼자서 TV를 보고 있다가 그 장면을 보고 나는 굉장히 울분이 일었다. 그때는 요즘에 비하면 나름 조숙해 비교적 일찍 사회에 대한 새로운 인식에 눈을 뜨게 되었는데, 바로 굉장히 높은 애국적 의식이었다. 중고등학생들이 파고다 공원에 데모하러 가고 또 우리 학교 옆에 있는 일본 대사관에도 데모하러 갔던 기억이 난다. 당시는 일본인 관광객들이 많았고, 매춘 관광의 명소가 광화문 근처에 많았는데 그 일이 있고 나서는 일본 성매매 관광객들의 발길이 싹 끊겼다.

II. 동국대학과 감옥 대학

대학교 시절

고등학교 때는 공부를 썩 잘하지 못해 1년 재수 후 77년도에 동국대학교 정치외교학과에 입학하였다. 대학 생활이 나한테는 지금의 삶을 있게 한 전환의 시대였다. 여러 가지 계기가 있었는데 먼저 첫 번째는 내가 정치외교학과 1학년 과대표가 된 거다. 담당 교수님이 "안재환은 성적이 좀 부족해서 어렵지 않겠느냐" 했는데도 불구하고 당시에 우리 과 친구들이 담임 교수한테 항의하는 사절단까지 파견하면서 과대표를 하게 되었다. 나름 친구들 사이에서 인기도 좋고 평판이 나쁘지 않았던 듯하다.

학교에 입학한 뒤 얼마 지나지 않아 독후감 대회가 열린다는 소식을 들었다. 동국대학교가 아무래도 국문학이 강해서 이런 행사가 있었던 듯하다. 4월 독후감 대회 예선전에서는 겨우 장려상 받았는데 11월 본 대회에 나가서는 총장상을 받았다.

내가 까뮈의 『이방인』을 읽고 쓴 걸 가지고 친구들과 토론하고, 그걸 반영하여 쓴 독후감이었다. 지금 와서 돌아보니 대학총장상을 받게 된 이유는 내가 목소리가 커서 그랬던 것이 아닌가 싶다. 대학교 1학년인 주제에 실존철학을 뭘 알았겠나! 우리 과 친구들이 나를 목말 태워 총장상 깃발을 들고 학교를 행진하기도 하였다. 그것이 나의 운명을 운동권으로 바꿔놓은 계기가 되었다.

새문안교회에서

2학년 1학기 초에 학과 선배가 좀 보자고 했다. 4학년 이영우 선배였다. "총장상 받은 독후감 잘 읽었다. 책 좀 많이 읽었네" 이러면서 말을 꺼냈다. 무슨 얘기를 하려고 그러나 그랬더니 "우리 학교에 독서 모임이 있으니까 들어와라" 하는 거였다.

나는 선배의 권유를 흔쾌히 받아들여 광화문 근처 새문안교회 대학생반 독서 모임에 참가하기 시작했다. 교회에는 여학생과 남학생들 20명 정도가 모였다. 이때 나는 제대로 기를 못 폈다. 특히 기억에 남는 친구는 명문대 출신으로 나중에 성공회대학교에서 사회복지학과 교수를 하는 이영환이었다. 실력도 좋고 사람이 너그러워 잘 챙겨주었다. 나야 공부를 많이 한 편이 아니고, 토론도 잘하지 못하여 주변만 맴도는 형편이었다. 반면 같은 동국대 친구인 노일현은 말도 잘하고 좌장 역할도 맡을 만큼 발군의 실력자였다. 같은 학교여서 은근히 자랑스러웠다. 새문안교회에서 사회과학 공부를 한 지 얼마 되지 않아 6월 교도소에 가게 된다, 3개월 만에.

집에서는 "도대체 쟤가 뭘 먹고 와서 그러는지 저렇게 막 미친놈처럼 돌아다니냐"고 할 정도로 6월까지 3~4개월 동안 굉장히 열심히 학생운동을 했다. 새문안교회 독서 모임에선 매주 사회과학 책을 읽고 발제하고 토론을 하였다. 교회 친구들과 강촌과 대성리로 의정부의 '민중의집'으로 MT도 갔다.

집회나 시위를 독립적으로 동국대 내에서는 어려우니까 교회 친구들과 연합해서 4.19 행사를 기획하여 진행하였다. 학교 내에 나보다 훨씬 더 의식화가 됐던 고남석과 홍영표하고 5월인가 광화문 시위에 참여하였다. 그 당시 2학년 초기에는 단순 가담한 수준이라고 생각했다.

선배들의 당시 증언이나 자료를 보면 아무래도 친구들을 잘못 만난 것 같다. 그때의 친구로는 인천 부평의 국회의원을 하는 홍영표, 그다음에 인천 연수구에서 구청장 두 번 했던 고남석 등 여러 친구가 있었다. '도대체 어디서 뭐하던 놈들인가' 싶을 정도로 세미나를 하면 말을 더듬더듬하는 나와 달리 친구들은 말과 논리가 상당히 놀라울 정도였다. 친구들은 이미 많은 독서와 토론으로 실력을 닦은 것이다.

가리방과 유인물

이제 대학교 연합 집회 같은 데를 쫓아다니면서 데모를 하였다. 2학년 고남석, 홍영표 등과 함께 유인물을 직접 만들어서 부처님 오신 날 뿌렸다. 우리 2학년들끼리 인천 동일방직 근처인 고남석 집에서 가리방(등사기)으로 유인물을 만들었다. 유인물 초안을 누가 만들었는지 기억은 나지 않으나 주로 '군부독재 타도와 긴급조치 정치범 석방'의 내용인 것 같다.

등사기는 우리 집으로 가지고 와 보관했는데, 어떻게 숨겼는지는 기억이 없다. 사월 초파일 부처님 오신 날 기념식이 열린 조계사 행사장에서 신도들에게 유인물을 뿌리고 그다음에 여의도까지 행진하면서 또 뿌리고 여의도 대학생 불교도 행사할 때 또 뿌렸다. 남은 건 다음 날 학교에 와서 또 뿌리고. 내가 직접 글을 쓰지는 않았다. 워낙 글을 잘 쓰는 친구들이 있어 그 친구들 것으로 뿌렸지만 그 일로 결국 나는 긴급조치 9호로 교도소에 가게 되었다. 경찰에 잡히고 나서 우리 집을 뒤졌을 텐데 등사기 문제가 불거지지 않은 것을 보니 집에서 치운 것 같았다. 아니면 유인물은 집에서 만들고 등사기는 뒷산에 묻었던 것도 같다. 지금은 기억이 가물가물하다.

사실 광화문 시위는 너무 떨기도 했고 기억나는 게 많이 없는데, 동료들 기억에 의하면 우리보다는 학생운동이 강했던 서울대, 연·고대, 성균관대 등은 몇백 명씩 조직이 되었고, 우리 대학은 몇십 명 정도 시위에 나간 시위였다.

여기저기에서 구호를 외치고 유인물 낭독하는 그런 일들이 반복적으로 진행되고, 경찰들과 싸우고 퇴각하는 상황이 나에게는 겁도 나고 무서웠다. 사실 그때 기억이 자세히 나지는 않지만, 주요 이슈는 '유신 철폐', '독재 타도' 정도였다. 최루탄도 처음 맡아봤는데 너무 독해서 그랬는지 잘 기억이 나지는 않는다. 거의 꿈같은, 그런 광화문 시위에 참여했었다.

그 당시 대학에는 정보과 형사들이 상주를 하며 학생들 동향을 파악하고 있었다. 시위나 집회, 유인물도 바로 정보과 형사들의 동향 보고로 정리를 하는데 동국대에 대해서 파악이 잘 안 돼 있었던 것 같다. 문제가 됐던 거는 선배들의 지시 없이 우리 동기들이 모여서 인천의 동일방직 근처의 고남석 집에서 유인물을 만든 일이었다. 이후에도 계속 선배들한테 보고하지도 않고 유인물을 만들고 제작하고 뿌리고 하다가 친구한테 읽어보라고 유인물 한 장 준 것이 문제가 돼서 중앙정보부에 체포된다.

목요회 광화문 시위

사건의 발단은 동국대 대강당에서 무슨 강연을 하는데 뒤에서 유인물 뿌린 일로 학교가 난리가 났다. 잘 모르면 무식하고, 무식하면 용감해진다고 부처님 오신 날 여의도에서만 아니라 학교 가서도 유인물 작업을 한 것이다. 행사장에는 이제 정보과 경찰도 쫙 깔렸는데, 당시 현장에서는 모두 무사했다. 그런데 유인물이 좀 남아 친구들한테 몇 장을 나눠준 것이 발단이 되었다. 나눠준 것 중에 한 장이 지방에 있는 모 대학에 편지로 보내졌다. 대전의 친구에게 한 동기가 우리 학교 우체통을 통해서 우편으로 보낸 것이다. 당시 학교에 있는 우체통까지 검열하던 중앙정보부에 의해 유인물을 받은 대전의 학생이 걸리고, 그 학생이 우리 학교 친구를 불었고 나에게까지 오게 되면서 그 친구와 내가 잡혔다. 그때가 2학년 학기말 고사 마지막 날로 시험 보고 나오다 형사에게 체포되었다.

정보과 형사들에게 잡혀 차량에 실려 한두 시간 걸려서 건물 지하로 끌려갔다. 중앙정보부였다. 우리 말고 다른 사건으로 들어온 사람도 있었다. 각 방으로 분리되었는데 옆방에서 신음 소리와 고함 소리가 밤새 들려오고 그랬다. 당시 만 스무 살이었던 나는 너무 무서웠다. 밤새 잠을 안 재우면서 진술서를 쓰게 했다. 두서너 명이 돌아가면서 진술서를 쓰는 것을 감시하고 쓰고 나면 가져가서 읽어보고는 자기들 입맛에 안 맞으면 두들겨 패고 다시 쓰게 하기를 반복했다. 친구들이 걱정되었다. 온몸에 타작하듯이 맞았다. 머리를 비롯해서 온몸을 몰매 맞아 어디가 아픈지 구분을 못 했다. 나하고 내가 유인물을 준 이호성하고 우리 서클의 대표 이영우 선배가 잡혀 와 3명이 남산에서 취조를 받았다.

남산에서 취조를 받을 때였다. 아버지가 사업 실패로 많이 어려울 때 정릉에서 오 도사라는 스님을 만났다. 그분의 도움으로 아버지가 극단적인 선택을 면하고 절에 머물렀다. 나도 몇 번 본 기억이 있는데 내가 남산에 있을 때 면회를 와서 깜짝 놀랐다.

"재환아, 너 이 새끼야! 이제 잘못했다고, 반성문 쓰고 나하고 나가자"고 했다. 나는 거부했다. 아마 형사들이 부모님의 어려움을 알고 가까운 지인 중에서 회유 차 보낸 게 아닌가 하는 생각이 든다.

한참 세월이 지나 앞에서 얘기한 아버님 제자 중 영삼 형님에게 듣기를, 당시 오일 쇼크로 에너지 문제에 고심이 많았던 박통에게 아버님의 물로 가는 자동차 얘기가 들어가 관심을 가졌으나 유신 철폐 데모하다 잡혀 온 아들 때문에 일이 성사되지 않았다는 것이다. 그리곤 그 형님이 덧붙이길 "네가 반성문만 쓰고 나왔으면 아버지도 잘 나갔을 거고, 그렇게 일찍 돌아가시지도 않았을 거다"라고 했다. 나중에 대전 감옥에서 석방되어 아버님이 어머니와 함께 차를 몰고 와 나를 데리고 올라 가는 중 금산 휴게소에 들러 금강을 쳐다보며 혼자서 하염없이 눈물을 흘리시던 아버님이 왜 그러셨는지 이해가 갔다.

결국 유인물에 대해서는 누군지는 이름도 모르고 인상착의만 계속 이렇게, 이렇게 생긴 사람한테 받아서 내 친구한테 준 것이라고 진술하였다. 결국 끝까지 동료 이름을 불지 않아 다행히 친구들을 지킬 수 있었다. 친구를 불 수 없었던 게 그중에 몇몇은 2, 3일 전에 군대 잘 다녀오라고 환송까지 했던 친구였기 때문이다. 군대 간 친구를 불면 아무래도 죽을 것 같았다. 두들겨 맞으면서도 끝까지 버티었고, 결국 같이 유인물을 만들었던 친구들은 잡혀 오지 않았다. 덩달아 나는 별로 아는 것도 없어 보이니 내가 쓴 진술서 가지고 검찰로 넘겼다.

그 일로 서대문구치소로 들어가게 된다. 내가 교도소에 갈 때, 그때가 막냇동생이 고3이어서 입시도 준비해야 하는데 내가 경찰에 잡혀가게 되어 집안이 이중 삼중으로 걱정이었다. 데모를 하는 중에도 막냇동생 등하교만은 챙겼는데 교도소에 가고 나니 나 대신 아버님과 대학교 2학년이었던 둘째 동생이 업고 다녀야 했다.

구치소와 감옥 대학

서대문구치소에 1978년 6월 들어가 1년 6개월 판정받았다. 1년 정도 지나서 대전구치소로 이감되었다가 10.26 전에 나왔으니 꽉 채우지 않고 나오게 된다. 아마 미국에서 카터 대통령 방문을 계기로 조기에 석방된 듯하다.

교도소 안에서 나한테 영향을 많이 미쳤던 일은 독서 모임을 할 때처럼 같이 계셨던 쟁쟁한 선배 투사들 모습이었다. 그들이 볼 때 나 같은 어린 활동가는 보기 드물어서 많은 애정을 주었다. 그 당시 유행했던 『전환 시대 논리』도 제대로 안 읽고 들어갔으니, 그분들이 볼 때 얼마나 애송이였겠는가!

기억에 남는 선배로는 인천에 있던 이우재 선배, 지금 교육감 하는 조희연 선배들이 같이 있었다. 선배들은 나를 똑똑한 학생운동가로 만들기 위해서 열심히 공부를 시켰다. 학습은 그렇게 거기서 대부분이 마무리할 정도였다. 나한테는 대학에서 공부할 수 있던 그 이상의 공부를 1년 6개월 동안 교도소에서 다 한 거나 마찬가지였다. 나중에 생각하니 교도소의 생활은 학습의 장이자 삶과 철학, 운동의 자세를 배운 대학 교육이었다.

철학, 역사는 물론 일제하 사회주의 독립운동가의 삶도 배우는 계기였다. 학습 교수들이 양옆에 다 있는 거나 마찬가지였다. 감방 생활의 개선 투쟁은 밥 먹는 것부터 운동하는 시간, 시국 구호까지 걸핏하면 싸워가면서 이른바 '몸빵'을 했다. 실력이 안 되면 몸으로, 깡으로 싸웠다.

교육은 책을 읽은 것과 들은 바를 요약해서 창문을 통해 발제를 했다. 이렇게 통방으로 발제하면 이우재 조희연 선배는 나를 좀 아니까 그냥 놔두는데 잘 모르는 애들, 특히 동기와 고대 다니던 애들은 "야, 너 누구야! 그따위로밖에 발제를 못 해!"라며 구박을 했다. 그때는 메모를 못 하니 파란색 종이를 아스테지로 두르고 그 위에 크림이나 바셀린을 발라 재활용 공책을 만들어 정리를 하였다. 이렇게 공동으로 제대로 교육받고 생활하면서 나한테는 그동안 약했던 이론과 투쟁력을 키우는 시간이었다. 나야 책 몇 권 읽고 들어왔지만 선배들이 대단했던 건 감방 안에서 영어와 일본어 원서로 책을 읽었다. 나는 특히 역사를 좋아했고 근현대사, 그중에서 현대사는 논쟁이 많아서 일제하 독립운동과 항일운동 그리고 프랑스 혁명과 러시아 혁명은 인기가 좋았다.

대전교도소에서 생각나는 사람은 서강대 출신으로 출소 후에 남원에서 농민운동하고 풀무원 사장이 된 이효율이었다. 여자 친구가 표지 모델 정도 급의 미인으로 기억이 난다. 창사 멤버 세 명이 사업 시작할 때 돈이 없으니 광고 모델로 자기 여자 친구를 썼다는 걸 나중에 들었다. 미모도 뛰어났지만 열심히 회사를 키워 지금의 대기업 총수가 되었으니 대단한 사람임에 틀림없다.

대전교도소는 나에게는 이후 어떻게 살 것인가에 대해서도 고민할 수 있는 그런 시기가 되었다. 대화를 나누지 않았지만 김봉우 선배라고 경희대 출신으로 반공법 위반으로 들어온 분의 이야기를 들었다. 그리고 박종렬 목사님의 아버님인 박형규 목사님과 김대중 선생의 비서인 김옥두 씨도 가까이에서 뵈었다. 김봉우 선배는 이후의 사회생활에서 독도문제라든지, 민족문제연구소 소장을 맡아 일하셨는데 멀리서나마 응원을 하였다.

아마 노동운동으로 전환하는 계기에는 김봉우 선배의 영향을 많이 받은 거 같다. 김봉우 선배는 나처럼 긴급조치 위반이 아니라 반공법으로 들어온 어마어마한 분이었다. 출소 후 기층운동, 특히 노동계급에 대한 영향이 있었다. "교도소 생활이 좋았다"고 하면 어폐가 있지만 나의 가슴에는 그렇게 새겨져 있다.

나처럼 교도소에 갔다 나온 학생운동 투사들의 이슈는 군 입대 문제였다. 교도소에 갔다 오면 전과로 인하여 군대를 가지 않아야 했음에도 군대를 강제로 보내던 시기였다. 79년 초부터 12.12까지 강제징집이 많았다. 어쩔 수 없이 도피 생활을 시작했다. 나를 군대에 끌고 가려고 집으로도 잡으러 와서 교도소에서 나오자마자 계속 바깥으로 도피 생활했다. 다음 해 80년 '서울의 봄' 때는 복학을 하지 않고 집에도 거의 안 가고 대학교에서 잠자고 생활을 했다. '서울의 봄'이 끝날 때까지 계속 학교에서 머물러 있었다.

광주민주화운동 전까지는 학생운동이 전체 민주화운동의 주도 세력이 아니었다. 주로 학내 문제를 중심으로 투쟁을 했다. 우리 대학은 뒤늦게 합류한 대학이었는데 일단 첫 번째 이슈가 학생회의 민주화였다. 다음으로 두 번째가 어용 교수 퇴출이었는데, 총장부터 그동안 독재 정권에 야합한 교수들에 대한 보고서를 만들었다.

내 친구가 직접 쓴 보고서 원본을 얼마 전에 찾아내어 동국대에 자료로 보내줬다. 그 참에 다시 보고서를 보니 그때의 문제 제기와 어용 교수 명단도 있는데 제대로 활용하지 못하고 시간을 놓친 거 같아 매우 아쉽다. 학내 활동은 한 학기 3개월 정도밖에 못 했다. 그다음부터는 타 대학과 연결된 정치투쟁을 하게 되었다.

5월 15일 기점(서울의 봄) 이후 학생운동은 퇴조하였다. 계엄령 하의 서울은 침묵의 봄이었다. 5월 18일경 강촌으로 MT를 갔는데 누군가 내가 신문에 수배령이 내려졌다고 알려주었다. 우리 학교에서는 세 명이 수배자로 신문에 나왔는데 이영우 선배하고 나, 또 한 사람이었다. 강촌에서 서울로 들어와야 하는데 계속 검문을 당했다. 하는 수 없이 주민등록번호를 댔다. 군인들이 그때 제대로 일을 하지 못했는지 잡히지는 않았다. 그 바람에 무사히 서울로 들어올 수 있었다. 5.18 이후에는 가만히 있을 수가 없었다. 수배자들은 주로 유인물을 쓰거나 만들고, 다른 친구들과 후배들은 계속 서울 시내에 뿌렸다. 우리가 주로 맡았던 지역은 성북구 지역이어서 미아리 월곡동 지역에 유인물 투척을 했는데 함께 투척을 했던 후배들이 많이 잡혀갔다. 생각나는 후배는 김태수와 임영태였다.

두 번째로 경찰에게 잡혔던 게 유인물 작업을 한참 하던 7월이었다.

날짜는 잘 기억이 안 나는데 아버님이 돌아가신 날이었다. 부고 소식을 경기 하남시 신장에 있는 정승석 선배의 집에서 받았다. 큰형님과 둘째 형님이 외국에 나가 계셔서 장례식장에 오기가 어려웠다. 셋째인 내가 장례를 치르러 가야 하는데 어떻게 해야 되나 고민을 하였다.

그날 저녁에 유인물 뿌리러 나갔던 팀들이 잡혀가는 바람에 안 들어오고 이러면서 밤새 대책 회의를 하고 있는데 경찰들이 들이닥쳤다. 거기에 있었던 우리 동료들 10여 명이 다 잡혔다. 나도 중부경찰서로 잡혀갔다. 누군가 미행을 당했는지, 내부에 프락치가 있었는지 가물가물하다.

그때는 장례를 치르러 갈 수 없겠구나 생각을 했는데 어머니가 오셨다. 어머니는 중부 경찰서에 소복을 입고 나타나셔서 큰아들, 둘째 아들은 다 외국 나가 있고 장례 치를 장손이 없으니 셋째 아들을 내놓으라고 울며불며 중부경찰서를 그냥 완전 다 뒤집어 났다. 그래서 하루 이틀인가 있다가 결국 경찰들이 기동대 차량을 호위해서 의정부에 있는 아버지 묘소에 가서 묻어드리고 왔다.

그런데 동국대 교수님 몇 분이 경찰서로 왔다. 면회를 하고 경찰과 면담을 하고 나서 오래 걸리지 않아 석방되었다. 경찰서에서 나와서 좀 쉬다가 그해 겨울에 복학할 것인가, 아니면 노동운동을 하러 가야 하나 선배들하고 의논하면서 81년도 1월에 노동운동 준비를 위해 인천으로 내려왔다.

III. 노동운동

노동 현장 준비

노동운동을 결정하고 준비하는 데 많은 도움을 준 분은 김봉우 선배와 여익구 선배였다. 우리 학교의 여익구 선배님은 동국대 입학 후 1974년 '전국민주청년학생총연맹(민청학련)' 사건으로 교도소에 수감되었다. 이후 출가를 하기도 했는데 1980년 5월 17일 비상계엄이 전국으로 확대되면서 재차 수감되기도 했다. 출소 후에는 한국대학생불교연합회 사무총장을 맡으면서 민중불교운동을 펼치고 있었다. 이후 1985년 들어 민주화운동이 대중화되면서 3월 '민주통일민중운동연합(민통련)'이 창립되고 불교계는 5월 4일 '민중불교운동연합(민불련)'을 창립하여 초대 의장 맡기도 한 분이었다.

당시에 내 생각은 장기적으로 길게 노동운동을 할 생각으로 안정적인 활동을 위해 자격증을 준비하였다. 노동운동을 하려면 기술을 익혀야 했다. 내가 중앙직업훈련원을 가려고 할 때 동국대 동기인 홍영표와 같이 울산으로 서울로 직업훈련원을 찾아다녔다가 기숙사 생활이 가능하고 수도권에 멀지 않은 인천으로 정하게 되었다. 홍영표는 기업에서 운영하는 대우자동차 직업훈련원으로, 나는 인천중앙직업훈련원으로 들어갔다. 장기적인 입장에서 10년 정도는 노동 현장에 있기 위해서 공식적인 자격증과 경력이 필요하기 때문이었다.

나는 기술을 배우는 데는 영 소질이 없어서 2년제 기술학교에 들어갔다. 81년도 3월에 인천직할시 일신동에 있는 중앙직업훈련원에 입학했다.

　인천중앙직업훈련원은 외국 원조와 차관으로 75년에 만들어졌다. 2년제 수업으로 진행했다. 직업 훈련 중에 학생운동 전과에 대한 고민이 많았다. 특히 전력이 들켜서 군대에 보내지는 게 아닌가 노심초사했다. 그런데 군대 문제로 학생운동 전과가 밝혀졌을 때 오히려 학교에서 특별히 문제가 되지 않았다. 나중에 알고 보니 여익구 선배의 친구가 직업훈련원 교사로 있어서 이 문제를 학교 내부에서 잘 마무리하는 데 도움이 컸다.

　중앙직업훈련원은 2년제로 모두 기숙사 생활을 했다. 군대식으로 점호도 하고 내부 식당에서 식사로 함께하며, 이론과 공장식 훈련을 받았다. 그러면서 군대 문제도 해결하게 되었다.

　군대는 실역 미필로 3주간 계양산 아래 훈련장에서 진행하고 군 생활을 끝냈다. 훈련원에서 같이 가서 훈련을 받은 친구들이 서너 명이 있었는데 모두 조폭 전과가 많았다. 그 바람에 나도 덤으로 혜택을 보았다. 동기들의 얼굴 생김새와 자세 등이 훈련에 맞지 않는 것을 아는 조교들이 열외로 처리하는 경우가 많았다. 사격 훈련 때도 총을 주지 않았다. 사전에 사고 방지 차원이었을 것이다. 그 동기들로 인해서 군 훈련도 무사히 보내게 되었다.

　2년 동안 용접 자격증과 보일러 배관 1급 자격증을 땄다. 이론은 외우면 되지만 실기는 온전히 실력을 쌓아야 했는데 나이가 좀 많은 쪽이다 보니 동생들이 도움을 많이 줬다. 그럭저럭 2년 동안 1급 자격증 두 개를 손에 넣게 된다.

동흥전기 노동조합

졸업과 동시에 곧바로 취업을 했다. 부천에 있는 보일러 회사에서 보일러가 완성이 되면 외장 조립 후 압력시험 등 마무리 작업을 했다. 보일러 회사는 1년 다녔다. 서비스 반에 배치돼서 간단한 개인 가정용 보일러를 수리했는데, 내가 기술에는 워낙 젬병이어서 어려움이 많았다. 보일러 1급 자격증까지 땄는데도 회사에서 일을 시켜보더니 "야, 너는 이런 거 하지 말고 청소나 해라"고 할 정도였다. 겨우 단순한 가정용 보일러를 설치하고 시운전을 하는 그런 것들을 주로 맡아서 했다. 빌딩이나 대학교 건물의 지하에 있는 통합 난방으로 집채보다 큰 보일러가 설치되어 있었는데 수리도 하고 청소도 했다. 군대에도 수리하러 가기도 하고, 보일러 안에 들어가 청소도 했다. 보일러 제조와 수리를 위해 열심히 노동을 익히는 기간이었다.

그때는 83년도로 대학 동료들과 인천에 취업한 친구들과 같이 공장을 중심으로 생활 나눔 수준의 만남을 했다. 감옥에서 만났던 활동가들과도 교류가 있었지만 정기적으로는 하지는 않았다. 84년도까지도 조용히 공장 생활을 했던 것으로 기억한다. 그 과정에서 대학 친구들이나 감옥의 동료들이 나오고 하면서 현장 생활을 어떻게 할 것인가로 고민이 많았다. 노동 현장 생활을 하는 것은 어떤 의미가 있는지? 실제로 노동운동의 단초는 어떻게 마련할 것인지 이런 고민을 하는 시기였다.

그러던 중 보일러 회사에서는 신분도 노출된 것 같고 여러 가지로 문제가 있어 공장을 주안으로 옮기게 되었다. 1985년도였다. 주안 5·6공단의 동흥전기로 옮겨서 한 1년 정도 있었는데 그때는 조직

활동도 하고 외부 활동도 하고 그러면서 부천에 있을 때보다는 활동의 내용이 다양화되고 활발히 진행되었다.

아! 강석태 동지

동흥전기에서 공장 생활을 하면서 공장 노동자 중에 천주교노동청년회 JOC지오쎄 회원인 강석태라는 친구를 만나게 되었다. 강석태를 통해서 자취방 모임을 함께했다. 우리 집보다는 석태가 있는 부평2동 성당 근처의 집이 모임 하기 좋았다. 강석태가 모임의 중심이 되어 내가 도리어 노동자 생활을 많이 배우는 시간이었다. 덕분에 노동자 의식화되어 가고 있었다.

강석태가 백운역 앞에 있었던 부평2동 성당과 노동사목으로 나를 데리고 가고, 이야기도 하고 술자리도 하였다. 그러면서 토론과 율동도 배웠다. 그동안 우리 조직은 그런 활동을 못 했는데 지오세 활동을 통해 처음으로 동료들하고 유대감을 넓혀갔다.

노동사목 활동에서는 노동자 생활 나눔을 많이 접해보게 되어 기억에 아주 많이 남았다. 숨어서 공장 생활만 몇 년 하다가 노동자 자취방과 노동사목에 가서 이야기하고 놀고, 율동을 배우다 보니 재밌었고 또 새로운 분위기에서 의지도 생겼다. 상당 기간을 노동사목에서 준회원처럼 다니고 그랬는데 대학생 출신으로 아는 사람도 몇 명 만나게 되다 보니 오래 하지는 못했다. 일 년 후에는 활동가들 속에서 신분을 밝힐 수밖에 없는 그런 상황에 이르게 되었다.

동흥전기는 주안 5공단 십정동에 가깝게 있었고 노동자가 350명 정도였다. 1년여를 지나면서 노동조합을 준비하다 보니 서로를 알아가는 시간이 많았다. 서로의 비밀을 많이 알게 되기도 하였다. 86년 조립반에는 강석태와 박명호(이후 기아자동차로 옮겨서 기아노조 산업안전부장이 됨) 그리고 내가 중심으로 활동을 하였고 서로 친하게 지내며 노동조합을 준비하였다. 이강혁도 같이 있었는데 우리는 일반조립이라면 이강혁은 기능도 높은 선반이나 밀링 기술자였다. 강석태 동지는 조합 활동 이후에 불의의 교통사고로 죽었다. 나한테는 의문이 많이 드는 사건이었다.

    노조를 결성할 때, 나 말고도 상당한 활동가들과 준 활동가들이 있었다. 덕분에 동흥전기 노조 결성 투쟁이 상당히 진척이 되어 86년도에 노동조합은 결성하였지만 노조 설립 필증을 못 받게 되면서 바로 회사와 경찰의 탄압이 시작되었다. 노조 결성 당일 30명이 만수동 중국집에 모여서 새벽에 결성대회를 열었는데 중간 과정에서 회사 쪽의 방해 공작과 경찰의 회유와 협박으로 노동부에 제대로 서류를 접수하지 못하고 말았다. 노조 설립 당시 위원장으로 이름이 올랐던 나와 이강혁 동지 둘이 해고되면서 노조는 해산하게 되었다.

    해고 이후 동인천역 뒤에 있는 인천지방노동위원회에서 이강혁 동지하고 해고 구제신청을 했지만, 이후 강석태와 그다음 주동자들이 전부 다 발전소로 보내졌다. 동흥전기는 한국전력 산하 발전소에 에어컨을 조립 납품하는 회사였다. 노조 설립을 위해 싸웠던 주동자들을 전국의 원자력 발전소로 전부 다 뿔뿔이 보내버려서 노동조합 결성은 실패하고 말았다.

    이후 동흥전기에는 김영환이라는 후배가 결국 노조를 만들어 첫 번째 노조 위원장을 하게 된다. 동흥전기노동조합은 1989년에 11월에 노동조합을 설립하며 인천노동조합협의회에 가입하게 되었다. 1992년에 임금인상을 요구하며 파업할 때 공장을 찾아갔는데 우리 때와는 많은 차이가 있었다.

강석태는 내겐 각별하다. 그에 관한 구술을 오래전에 해놓은 게 있어 옮긴다.

강석태에 대한 구술 기록

석태는 85년도에 입사했던 동흥전기의 같은 부서에서 일을 했다. 석태의 집이 청천동 어린이집 바로 뒤에 있어서 종종 얼굴을 봤고, 가톨릭 쪽에서도 활동을 많이 해서 알려져 있었다. 나이는 몇 살 차이가 나지 않는 후배로 공장 생활에서 같이 잘 지내고 술도 같이 먹고 노조 만드는 일, 그러니까 나를 노동운동가로 만들기 위해서 애를 많이 썼다. 강석태를 따라 모임방에도 가고 노동자들 생활 모임에 다녔다. 모임이 오래되니 아는 학생 출신이 종종 보이게 되었다. 그러다 보니 서로 간에 난처했던 적도 있었다. 나는 당시로 보면 강석태에 의해서 포섭된 사람이었다. 강석태 그 친구는 당시에 노동사목의 대표 활동가였다.

동흥전기에서 만난 입사 동기인데 그렇게 알게 돼서, 참 재미있는 추억과 경험이 있고, 신실하고 노동자로서 전형적인 그런 친구였다. 죽음과 관련해서 안타까운 거는 87년도 일 것이다. 내가 해고되고 강석태도 해고된 이후인데 노동자 학습 모임에 강석태도 참여하고 있을 때였다. 내가 어느 날 여기 부평에 있는 보안대에 한 번 끌려갔다 왔는데 뭘 추궁을 받았는지는 기억이 나지 않는다.

상당히 선진적인 수준 높은 멤버들과 인천에서 활동하는 사람들이 있는 모임이었는데 그 모임에 때문에 그랬는지 친구들이 강석태를 보호하기 위해 모임에서 내보내기로 했다. 그런데도 계속 석태 뒤에 미행이 붙었다. 그 미행 과정에서 모임이 드러날 뻔하기도 했다. 강석태가 눈이 나빴다. 이렇게 가까이 앞에 있지 않으면 사람을 구별 못 할 정도로 눈이 나빴다. 강석태가 눈이 너무 나빠서 길거리에서 서로 만나 이동하면서 하는 모임이었는데, 동료들이 왔는데도 석태가 나를 못 알아봤다. 석태 옆에는 정보과 형사도 있어서 더 긴장이 돼서 그랬는지, 다른 친구들이 지나가면서 보고, 저 친구가 좀 이상하다고 생각했다. 모임에서 미행에 따른 교육을 시켜서 만날 때 주위에 누가 있는지 없는지 봐야 했다. 석태가 눈이 나빠 우리 일행을 알아보지 못한 덕분에 큰 피해를 입을 뻔했는데 피하게 된 셈이었다.

석태는 그 이후에 얼마 안 돼서 교통사고로 죽어버렸다. 운전했던 택시기사가 자기가 치었다고 해서 수사는 그대로 종결되었다. 많이 알려져 있지 않은 사건인데 오늘 이 자리에서 강석태의 성품과 이런 거에 대해서 얘기하면서 생각해 본다. 노동사목에서도 굉장히 열심히 활동한 친구고, 저하고 활동한 1년도 아주 열심히 노력하고 그랬는데 안타까웠다.

부천의 장례식장에서 가서 노동사목에 있던 이총각 선배님이나 다른 분들이 장례를 지오쎄 노동자들과 함께 '민주노동자장'으로 하기로 했다. 그때 그렇게라도 석태를 보내줄 수 있어 얼마나 다행이었는지 모른다. 석태를 생각하면 늘 고마운 마음뿐이다.

IV. 인천에서의 정치투쟁

인천 지역 정치활동

동흥전기에서 해고되고 나서 어떤 활동을 해야 할지 주변 친구들하고 의논했다. 표면적으로는 동흥전기 노동조합 설립 활동을 했지만 사실, 이전부터 이른바 서클 형태의 조직도 계속 운영하고 있었기 때문에 노동조합에서 손을 떼고 이제 지역 정치 서클 활동을 본격적으로 시작했다.

당시 이미 인천 지역은 노동자들의 정치 투쟁이 활발하던 시기였다. 당시 인천 지역에서는 정치 조직으로 서·인노련 활동이 있었고 또 다양한 정치 서클, 학생운동 출신들이 현장에서 만들어 낸 노동자들과 함께하는 정치 서클들이 존재하고 있었다. 나는 인노련 활동으로 전환하면서, 서클 활동으로 밀려드는 상담사업과 회원들과 정치 투쟁하는 곳을 쫓아다니느라고 사실은 두 가지 일을 다 할 수는 없었다.

86년도 초기에는 정치 이념이나 NL-PD 그런 논쟁들보다는 정치 조직을 준비했던 시기였다. 지금 기억으로는 다른 공장의 활동가들, 또는 다른 대학 출신의 활동가들하고 연합해서 정치학습을 여러 차례에 걸쳐 진행했다. 또 새롭게 들어오는 노동자 출신 활동가와 학생 출신 활동가를 육성하기 위한 3개월 정도로 역사교실과 노동교실을 진행했다. 내가 기억력이 약하다 보니 그때 관계하거나 지도했던 사람들 본명이나 얼굴이 가물가물하다.

생각이 나는 걸 정리해 보면 87년 정치 상황이 바뀌어 본격적으로 정치학습을 진행한 것 같다. 당시 유행했던 서구 유럽의 사회주의 운동과 민족해방운동을 중심으로 토론하며 진행했다. 10회 프로그램을 짜면 일주일에 한 번이나 2주에 한 번씩 모여서 한 서너 명이나 다섯 명이 나보다는 5~6년 이상씩인 선배들한테 지도를 받았다.

합법적인 도서를 중심으로 했고, 또 인천산업선교회에서 노동법교실과 역사교실의 강사들이 만든 자료도 풍부했다. 산업선교회 강사들은 지금은 변호사와 언론사 대표 등 우수한 대학 출신들로 구성되었다. 팸플릿이나 이런 것도 일단 서구 사회주의 운동 이런 것들은 기본적으로 다뤘다. 제3세계를 포함해서 그래서 한때는 레닌주의 또는 모택동주의를 토론하기도 했다.

그 모임 대부분은 모임 공간이나 참여 인원들이 기억이 잘 안 난다. 이후에 활동 같이하면서 본 사람들도 있긴 하지만 어떨 때 보면 수도권에서 전국노운협이나 한국노협을 통합해서 본 경우도 있었기 때문이었다.

학습 자료는 팸플릿이나 이런 거는 좀 위험해서 당시에는 아무래도 합법적인 서적 위주로 학습했고, 또 그런 걸 개발하려고 했고, 많이 개발되기도 했다. 내용도 서구 유럽의 진보 운동만이 아니라 한반도의 근대사부터 공부했다. 그런 과정을 통하면서 자신의 어떤 정치 이념이나 정치 사상이나 이런 것들이 형성되던 시기가 아니었나 생각한다.

85년도쯤에는 서클 형태의 무정형의 조직들이 있었다. 대부분 공개되지 않은 비합법 조직으로 흔히 서클이라고 불렀다. 이런 비합법 조직들은 처음에는 공개 활동을 하기 어려우니까 역사나 노동법 교육이나 노동절 행사를 같이했다. 이런 활동은 주로 기노련이나 민중교회를 활용해서 했다. 85년이나 86년도에는 서클들이 뒤에 숨어 있었고 이름을 걸고 활동은 하지 않았다. 86년, 87년도 때까지 현장에서 일찍 나온 사람들이 자료를 만들고 준비하느라고 상당히 학습을 많이 하던 시기가 아니었나 싶다.

비합법 조직인 서클 형태를 조금 더 설명한다면 대개 같은 대학이나 지역 대학생 모임에서 모인 학생운동이나 교회 운동의 연고에 의해서 만들어졌다. 공장 노동으로 이전하면서 초기에 노동법 학습이라든가 현장 활동을 한 선배에게 공장 활동 교육을 조직 별로 진행했다.

지역 노동 정치 서클 운동은 86년 이후 인천에서는 인민노련과 인부노회 같은 조직이 생기는데 이는 서클의 연합 형태였다. 이때 나는 인천부천지역민주노동자회(인노회) 회장을 맡게 된다. 과도기적인 서클 체계에 대해서는 설명이 좀 필요하다.

대체로 서클은 초기에는 학생 출신들이 공장 이전을 했을 때 만들었다. 예를 들면 교회라든가 어느 대학 출신들이 인천으로 또는 구로공단으로 서너 명이 들어간다. 그러면 그 서너 명이 기반이 돼서 공장 생활을 하면서 노동자 생활을 경험한 다음 후배들하고 나눈다. 이러면서 인원이 10~20명 이렇게 늘어나고, 또 늘어나다 보면 공장도 A 공장, B 공장이 생길 뿐만이 아니라 특기가 있는 친구들은 문화패 활동을 한다든가 하면서 분화하게 된다. 또는 교회하고 관계를 가지면서 서클이 다양화되기도 한다. 마지막 단계는 서클이 활동 내용에 맞게 재조직되며 정치적 활동과 투쟁, 그다음에 그 이상의 일들을 해야 하는데 비합법 조직으로는 한계에 다다르게 된다.

또한 학생운동 출신 노동자들은 노동조합 운동의 경제주의를 극복하고 정치적 대중 조직을 만드는데 서울노동운동연합(서노련)과 인천 노동운동연합(인노련)이 대표적이다. 그 당시 상황을 다시 활동가 입장에서 보면 서클의 지도부들이 자신들의 활동에 한계를 느끼고 다른 길을 간 사람이 많았다. 나는 결국은 이제 인부노회 조직까지 맡게 되지만 '이 친구는 노동운동이 안 맞아, 민주화운동이 안 맞아' 그런 판단이 서면 그 단계에서 예술 운동으로 간다든가 또는 다시 대학으로 간다든가 하면서 학생운동 출신들이 많이 정비되었다.

서클이 변화된 운동을 다 담기도 어려워지고 또 서구의 몰락이라든가 이런 정치적 변화 때문에 서클 지도부 중에서 인천 지역을 정리하고 떠난 사람이 많았다. 나는 부평, 인천에서 서클 서너 개와 관계를 했던 거 같다. 인천 노동운동에 족적을 남긴 그런 서클들이었는데 지금 대체로 그 서클을 이끌었던 활동가들이 지역에 잘 안 남았다.

자기의 역할은 여기까지다, 이렇게 생각을 한 사람들 입장에서는 '노동운동을 통한 어떤 정치 운동이나 이런 방식은 여기까지다'라고 한계를 느끼고 정리하지 않았나 싶다. 정치적 상황이 오픈되면서 87년이 되고 그러면서 특히 운동권에서 정치권으로 진출하기도 하고, 어떤 사람은 청와대도 갈 수도 있고 그러니까 서클을 이끌었던 사람 중 다른 능력이 있는 사람들은 그런 식으로 활동을 달리하게 된 경우도 여럿이 있었다.

그러니까 시대적 상황의 변화와 서클의 발전에 따라서 공개적인 운동 체제로 변화했다. 그러면서 비공개 조직이었던 서클 같은 협의체나 토론을 가졌던 모임이 대부분 정리되었다. 그들은 서클을 떠나며 "후배들을 부탁한다"거나 "사업장은 이렇게 지도 부탁한다"든가 하면서 87년 이후에는 거의 종적을 감추게 된다. 그러면서 서클 지도부였던 사람들이 정당으로 갈 사람, 선거 나갈 사람 그리고 서클 이후의 형태의 조직을 계속 책임질 사람 이런 식으로 분화했다. 내가 계속 서클 이후에도 인부노회나 노동 정치 조직을 이끌 수 있었던 것은 함께 활동했던 사람들이 조직 운영은 내가 해야 되는 일이라고 하는 바람에 조직을 운영했는데 나에게 굉장히 영향이 컸다고 생각한다.

이런 일련의 사건 뒤로 정치적 상황이 굳이 이렇게 비공개로 운동할 필요가 없는, 최소한 반공개나 공개 활동이 가능할 때 그 서클의 역할을 다하게 된다.

그동안 서클을 유지했던 세력들이 서로 협력해 더 큰 공개 조직으로 노동 현장 운동을 지원할 필요가 있다고 합의한 것이다. 그렇게 해서 만들어진 조직이 민주노조를 지원하는 공실위(인천 지역민주노조건설공동실천위원회)였다. 지금 생각해도 공실위를 만든 것은 인천 지역 노동운동권이 가장 잘한 일이라고 생각한다. 민주화운동기념사업회 위탁으로 성공회대에서 작성한 한국민주화운동사 연표에서도 "인노협 결성과 관련 공실위라는 조직을 유의해서 조사·연구할 필요가 있다"는 소견을 적고 있을 정도이다. 공실위에는 그룹별로 홍보와 교육, 문화를 중심으로 파견하였다.

민주노조 결성의 견인차 공실위

서클들이 노동조합이나 또는 노동자들하고 관계가 좀 질적으로 깊고 또 양적으로도 경험들이 많은 데가 있는 반면에, 이제 탄생한지 얼마 안 돼서 아직도 학생 출신 활동가 위주인 곳도 많았다. 87년 전후에 지역에서 이런 형태로 모임을 지속하기 어렵다고 판단했다. 상당히 현실적인 판단이었다. 서클들은 조직적 기득권을 양보하며 공실위 조직 건설에 합의하고 힘을 모아나갔다. 인부노회가 주도적으로 참여했는데 직접 내가 일을 맡거나 그러지는 않았다. 나는 인부노회 단계 때 참여해서 주로 이때는 간접적으로 인민노련이나 공실위의 활동의 이후 대책 논의를 하고 조직 내부에 신경을 썼다.

이참에 공실위에 대해 조금 더 이야기를 해보려 한다. 노현기 씨의 "'공실위'의 시대적 역할 평가"라는 글을 참조했음을 밝힌다.

당시 전국에 존재하는 노동운동 관련 이론의 출발지가 대부분 인천이었다. 그러다 보니 공장에서 노동자들과 직접 맞부딪치는 활동을 해야 하는 곳에서도 서로 간에 '입장의 충돌'이 종종 나타났다. 활동가들이 각자 자신이 관계하는 조직의 판단을 사업장에서 관철시키려 했고 그러다 보니 노동자들이 보는 자리에서도 활동가끼리 의견 충돌이 있었다. 또 공장 안에서도 노동자의 수에 비해 활동가들이 많아 진정한 노동조합 활동이 이루어지지 않았다.

당시 허명구와 전희식이 민주노조운동의 지원 조직을 만들자고 구체화했다. 전희식은 당시 대우자동차에서 활동한 경험이 있던 터여서 그런 조직이 필요하다는 걸 절감했을 것이다. 민주노조운동의 지원 조직은 "각 서클에서 활동할 사람을 파견하고, 파견할 때는 기존의 조직 관계를 정리하고 지원 조직의 논의에 따라 활동하며, 각 서클은 조직원이 있는 사업장에서 투쟁이 벌어질 때 민주노조운동의 지원 조직이라는 단일한 창구를 통해 지원한다"는 것에 합의했다.

민주노조 지원 조직은 '민주노조 건설을 위해 싸우는(일하는) 노동자 일동'이라는 이름으로 사업장의 활동가들을 직접 만나 투쟁이나 노조 결성을 상담했던 상담부와 교육부 홍보부로 구성돼 있었다. 교육부에서는 임금 인상 투쟁 관련 교육 자료와 『전국적 민주노조연합 건설하자』는 소책자를 노동자 대투쟁이 시작된 7월에 발간했고, 홍보부는 6월 항쟁의 와중에 "공장에서부터 민주화를!"이라는 유인물을 제작해 공단 지역에 배포했고 「공장의 소리」라는 신문과 호외를 발간했다.

비공개 조직으로 활동하던 '민주노조 지원 조직'을 전희식이 '인천지역민주노조건설공동실천위원회(공실위)'라는 공개 조직으로 전환하자고 제안했다. 당시는 6월 항쟁 이후 곧바로 울산에서부터 노동자들의 파업의 불길이 북상하고 있었다. 노동자 대투쟁이 시작된 것이다. 그리고 그 조짐은 이미 6월 항쟁 기간부터 보이고 있었다. 전희식은 공개적이고 합법적 조직인 노동조합을 비공개 조직에서 지원하는 것은 적절치 않다고 보았다. 자발적으로 터져 올라오는 노동자들의 투쟁과 노동조합 건설을 효과적으로 담보할 수 없다고 판단, 공개 조직으로 전환해 공개적이고 공식적인 지원체계를 확립해야 한다고 주장했다.

공실위는 △ 민주노조 결성 및 노동조합 활동을 지원하는 지역 단일의 민주노조 지원 조직 △전국적 민주노조연합의 지역 조직 결성을 목표로 △노동조합의 지역 조직 결성이라는 자기 임무를 완성하면 스스로 해산하는 것으로 임무와 목표로 정했다. 또한 공실위의 모든 활동가는 공실위에서 활동기간 동안 자신이 속한 서클이나 조직과의 관계를 정리하고, 공실위 내부의 논의와 결정에 따르며, 공실위가 해소

되고 난 후에는 스스로의 판단에 의해 본래 속했던 자기 조직이나 서클로 복귀한다는 데 합의한다.

이는 당시에 서클이 가진 기득권을 내려놓고 공장의 노동자들, 노동조합이라는 대중 조직에 '한 목소리'로 다가가고자 했던 단결의 정신을 실천한 데 있었다. 공실위로 힘을 모아야 할 만큼 공실위가 기존 조직과는 전혀 다른 조직 연합체로 노동조합을 지원하는 중요한 역할을 담당한 것이다.

이 같은 합의는 공실위에서 활동하는 구성원들과 공실위 활동에 물적, 인적 지원을 하고 있는 서클(조직)의 대표자들 사이에 이뤄졌다. 이 같은 합의는 노동조합이나 현장 투쟁과 관련 각 조직이 공실위로 집중하면서 노동조합과 관련한 지역의 통일성을 높이는 한편 그와 관련한 전문 역량을 양성하는 효과를 가져왔다.

물론 공실위 창립이 순조롭지만은 않았다. '한국노동연구소'를 창립한 이목희, 홍영표 등은 공개 조직으로 전환하는 데 강하게 반발했다. 비합법 조직과의 관계 속에 맺어진 노동조합 위원장이나 간부들을 갑자기 공개 조직에서 전환할 경우 정권의 탄압에 노출될 수 있다는 게 반대 이유였다. 논란을 거듭하는 사이 인천에서도 파업의 불길이 불같이 일었다. 결국 일부 조직은 비공개로 남되 관련된 노동조합 위원장들을 빠른 시일 내에 공개 조직으로 이관하고, 비공개 상담부도 공개 조직으로 전환해 단일 체계를 만든다는 내용으로 봉합한다. 워낙 여기저기서 파업이 벌어지고 노동조합이 결성되던 상황인지라 결성 이전부터 눈코 뜰 새 없었다. 창립행사는 가질 엄두도 못 냈다.

공실위는 이듬해 공식 해산하기까지 인천 지역 노조 운동의 실질적인 구심점 역할을 담당했다. 단위 노조 결성의 지원과 상담 교육뿐만 아니라 인노협 결성 과정에도 주도적으로 관여한다. 또 공개, 비공개 노동운동 단체의 대표들로 구성됐던 공실위 운영위원회를 통해서는 노조 탄압 등에 집회, 시위 등의 투쟁을 벌이기도 했다. 88년 임금 인상 투쟁 시기에는 공실위와 참여단체들의 실질적인 조직 책임자들이 참여하는 '공실위 임금 투쟁 상황실'을 구성, 예기치 않게 터지는 현안에 신속하게 대처할 수 있는 체계를 구축했다.

이런 활동이 가능했던 것은 인천 지역의 각 서클이나 조직의 합의 정신이 자리하고 있었다. 실제 자신과 입장을 같이하는 정치 조직과의 관계를 단절하고 공실위로 무게중심을 완전히 옮기도록 한 것이 노조 운동의 전망에 관한 내부의 통일성을 높여 불필요한 논란 없이 필요한 업무에 전념할 수 있었다.

공실위는 결성 1년 3개월 만인 88년 10월 26일 공식 해체식을 가졌다. 애초에 공실위는 노동조합의 지역 조직 결성이라는 자기 임무를 완성하면 스스로 해산하는 것으로 임무와 목표로 정했기 때문이다. 「인노협신문」 7호에 실린 공실위 해체 관련 기사에 따르면 "이날의 해체는 인천지역노동조합협의회(인노협)와 인천노동운동단체협의회(인노운협)가 인천 지역의 노동운동을 이끌어 나가는 것이 바람직하고, 이것은 공실위 결성의 조직적 목표가 달성된 것이라는 부서원 전체의 합의와 결의에 따른 것이었다"고 적고 있다.

나중에 공실위에서 활동했던 활동가들은 인천 지역노동자협의회가 필요로 하는 만큼의 인원이 집행부장으로 들어갔다. 개인의 판단에 의해 자신이 속한 정파 활동을 했던 이들을 제외하고는 전노협, 전국노운협, 인천노운협 등 전국과 인천의 당시 주요 조직의 상근 활동가로 활동한다.

노동조합과 대중 정치활동을 새롭게

87년까지 활동하며 생각나는 노동자 출신 친구들이 있다. 김명종 씨와 대우자동차 노동조합의 유선희, 코리아스파이서를 다녔던 이교일 씨이다. 조직이 다른 인물에 대한 거부감, 조직적으로 문제가 될 수 있는 부류라든가 또는 근본적으로 이제 학생 출신에 대한 선입견이 있을 수 있어서 김명종 씨를 빼고는 관계를 지속하기엔 좀 어려웠다. 하지만 활동하는 과정에서 상당히 능력 있는 인물이 여럿 있어서 나는 소위 그들을 키웠다고 하는 그 위의 선배님들에게 존경심을 갖고 있다. 우리 세대들이 조직한 인물들을 이렇게 보면 그 세대 때 완성된 활동가들과 양적으로는 많을지 몰라도 내용 면으로나 부족함이 있지 않았나 생각한다.

우리 세대는 각 조직이 선진 노동자들을 발굴해서 개별적으로 정치 학습을 하고 그러다가 연합해서 노동운동을 하는 경향이었다. 그런데 그 학습 담당자나 학습 내용이 내가 생각할 때는 인텔리적인 내용들이 많았다. 반면에 김명종이나 유선희, 이교일 등 노동자들이 선배들한테 배웠던 그 분위기는 달랐던 것 같다. 후자는 내가 볼 때는 좀 급하고 반면에 정치 학습이나 혁명 이론에 대해서는 느긋하게 진행하였다. 그러다 보니까 후자에서 발굴된 친구들은 정치적 가능성이 높게 되고 반면에 우리 친구들은 인간관계나 이런 거를 중요시하는 차이가 있었다.

특히 학생운동 출신들은 조직화에 대해서 굉장히 조바심 있어서 노동자들하고 관계하고 사업하고 그러면서 노동법 학습 그다음에 정치 학습, 이렇게 전환들이 꽤나 빠르게 진행했다. 그런 것이 사람을 육성하고 조직하는 데 기여했을지 모르지만 이런 조직들이 수사를 받게 되면 치안본부나 보안사에 끌려갔던 노동자들이 조직 사건으로 엄청 두들겨 맞고 타격이 심했다.

그래서 그 이후에 조직 사건을 반성하면서 인텔리적 조급성이나 서클 출신들 노동자들에 대한 정치 학습을 세게 하는 것도 조직적으로 방법이긴 한데, 그렇게 활동가를 양성하는 것은 무리한 것이 아니었나 생각했다. 이후 단체를 공개적으로 전환하고 공실위와 노동운동단체 협의회에 전문 활동가들이 들어가게 되고 거기서 조금씩 정치 학습도 느긋하게 이렇게 하는 활동으로 가게 된다.

1987년 6월 항쟁과 7, 8월 노동자투쟁

1986년을 생각하면 신나게 뛰어다니고 활동한 세월이었다. 특히 생각나는 선배는 조성범 선배다. 지금은 동서지간인 민주노총 위원장 출신인 조준호 씨의 형님이다. 이후 나의 세계관이나 단체 활동에 많은 영향을 주었고, 함께한 시간이 들뜰 정도로 즐거웠던 시간이었다.

일단 87년 이전까지는 노동 투쟁보다 정치 투쟁이 중요했다. 공안 탄압이 심했기 때문이었다. 85년 구로 동맹파업은 더욱 공안 탄압을 부채질했다. 정치 투쟁에 가까운 투쟁은 야당과 정치 투쟁 조직, 학생과 지식인의 몫이라고 생각했다. 그런 가운데 86년 5.3 투쟁은 새로운 국면을 맞이했다. 인천5.3민주항쟁을 준비하면서 지방에서부터 올라오는 민주화 열기를 이어가야겠다고 생각했다. 공장에서는 이제 선진 노동자들, 정치 의식화된 노동자들을 투쟁에 참여시키는 것이 각 조직의 역할이었다. 서클 대표들 모임에서 부천 성고문 사건 났을 때 유인물 투척이라든가 기습 시위 이런 거를 다 조직하고, 또 우리와 관계된 현장 노동자를 조직하고, 그다음에 여기 관련된 활동가들이 밤에 유인물을 뿌리고 집회도 준비했다.

상당한 훈련이 되었고, 낭만적으로 운동하던 시절이 아니었고, 구속을 각오해야 하니까 서클들이 모여서 이번에는 어느 서클에서 유인물을 만들어서 배포하고 그러면 유인물을 조직별로 분담해서 작업을 하고 그랬다. 이런 일들이 거의 86년도 이후에는 일상적으로 벌어진 것이었다. 그걸 기본적으로 하고, 그다음에 부천역 앞에서 긴급 시위를 한다든가 하면 서클 연합으로 집회를 하였다.

87년 이후에 '인민노련이 어떻게 만들어졌을까?' 생각해 보면 각 조직이 연합해 지도부 구성원을 정하고 그런 것에 기반해 활동가들이 모이게 된다. 학습을 맡아 하는 사람, 노래와 율동과 같은 것을 잘하는 사람 등이 다 모여서 결국은 인민노련을 만들게 된다. 이렇게 각 분야의 인천 지역의 자산이 모여서 만들게 된다. 정치 투쟁 조직, 서클이 독자적으로 하는 것보다는 여러 역량 있는 활동가들을 모을 필요성을 느끼게 되고 결국 반공개 조직으로 인민노련이 결성되었다고 생각한다.

부천 성고문 투쟁을 지나면서 생각하니 1년 사이로 계속 큰 투쟁들이 있으니까 그 시기에 엄청 많이 단련되고 우리보다 후배 세대들도 함께 투쟁을 통한 성장이 많았다. 그 이후에는 정치적인 진출을 많이

하게 되는데 눈에 띄었던 게 88년 총선에 송경평이 참여했던 것이다. 합법적인 국면으로 나아갈 때에 대한 대비 그리고 정당까지 만드는 활동이었다. 그다음에는 지금 민주당이나 이런 데로도 많이들 지원도 하고 기초의원과 구청장과 국회의원도 진출한 계기가 되었다고 생각한다. 지금도 여전히 정치에 참여를 못 했던 활동가들이 겉으로는 표현을 안 하지만 자기도 대표적인 역할을 할 수 있었는데 또는 정당 이런 데 가는데 나도 좀 왔으면 큰 역할을 할 수 있었을 텐데 하고 생각하는 활동가들도 여전히 있다.

홍영표, 고남석처럼 정치권으로 간 사람들이 다 성공만 한 건 아니다. 또한 윤관석도 있고 그러는데 그런 것들이 인민노련과 인부노회의 단계가 좀 더 길었으면 그런 경험들이 서로 공동 활동으로 되었으면 더 좋았을 것 같은데 하고 생각한다.

사실 내가 볼 때 정치권으로 간 활동가들은 조직적 뒷받침보다는 개인적 욕망과 이런 것들이 강하지 않았나 생각한다. 예전에 서클들이 웅변 연습 이런 것도 많이 시키고 했다. 왜냐하면 노조위원장 선거도 나가야 하고 투쟁과 집회가 많았다. 그래서 인천대 강당을 빌려서 웅변 대회도 하고 그랬다. 선진 활동가들이 지도도 하고 선거와 투쟁의 열린 공간 활동에 도움을 주었다. 그다음에 6월 항쟁과 노동자 대투쟁을 거치며 훈련의 빛을 보았다.

결국 우리가 혁명을 포기하고 정권을 잡으려고 하면 투쟁위원회 같은 투쟁 조직으로는 안 되고 정당으로 갔어야 한다고 생각한다. 정당이라고 해야 진보 정당과 지금 민주당인데 그런 데 대한 서클들의 활동들이 어땠는지 한번 평가도 해볼 수 있는 것 아닌가 생각한다.

88년을 맞이하며 오순부 선배나 대우자동차 송경평 등의 선거 투쟁에 적극적으로 개입하게 된다. 같은 조직은 아니지만, 개입을 한다는 거는 단순한 것이 아니라 활동가들이 들어가서 같이 유세장을 다니면서 분위기도 익히고, 그다음에 정치활동이 본격적으로 진행한다든가 여러 다양한 것들을 경험한다. 또 이러한 활동들을 통해 정치활동에 성공한 활동가들이 생기게 된다. 선거 활동만이 만이 아니라 문화예술 분야에서는 문선대(문화선전대)라든가 몇 가지 기획을 하기도 했다. 산에 가서 선동 훈련도 하고 웅변 연습도 하고 그랬는데 실질적으로 유세장에서 마이크 잡고 하는 활동이 많이 생기고 그러면서 많은 노동자들과 운동가들이 정치 투쟁, 정치 영역에 대해서 관심을 가졌던 것 같았다. 가까운 사람 중에 홍미영 씨나 박남수 선배라고 생각한다.

87년, 88년 노동조합을 지원하면서 생각하니 현장에서 노조 인정 투쟁이나 임금 협상과 단체 협상 등 투쟁 지도부와 함께 전술을 짜거나 하는 이런 것들을 다 할 수 있는 데가 있기도 했지만 없는 데도 있어 편차가 있었다. 그래서 그런 현장을 내가 많이 관계했는데 그중의 하나가 마이크로 전자 사업장이었다. 정치 학습도 하고 했지만, 실제 노조 파업이나 조합 활동이나 실제로 노조 운영을 해보지 않아서 간접 경험으로 지도하는 것은 쉬운 일이 아니었다.

어느 날이었다. 장명국 원장님이 노동조합 지원을 잘한다고 해서 내가 신분을 속이고 영등포에 금호타이어를 관계할 때였다. 노동조합 간부와 나하고 장명국 원장한테 상담받으러 갔다. 장명국 원장님은 공장의 위치와 인원, 회사의 재무제표를 쫙 꿰고 있었다. 우리가 알지 못하는 것도 알려주셔서 많이 놀라기도 하고 나의 무지를 탓했다. 그때

머리에 드는 생각이 노동조합 지원은 이런 사람들처럼 오랫동안 노조 문제를 전문으로 상담하신 분들에게 맡기고 나는 좀 다른 역할을 해야겠다고 생각했다. 내가 정치를 한다는 건 좀 아닌 것 같고, 그래서 그런 것은 정치 지향이 있는 활동가들의 자기 정리 과정이 아니었을까 싶었다. 내 또래 정치하겠다고 하는 친구들은 이미 그때 30년 전에 벌써 구의원, 시의원 선거도 나가고 공부도 하고 다들 그랬다. 그래서 분화가 되었다고 본다.

V. 인노회(인천부천민주노동자회)

1988년 인천부천민주노동자회

인민노련이 대략 한 10개 정도의 서클로 시작했다고 하면 우리 쪽에서는 서너 개의 서클이 있었다. 87년 대선 방침을 두고 인민노련에서 우리 조직이 나오게 된다. 나눠질 때의 과정이나 자세한 사항은 인천민주화운동사와 인부노회 정리 문건을 보면 나오니 생략한다.

인노회는 인민노련과 인준위가 비대중적이고 정치, 가두 편향적인 선도적 투쟁에 빠져 현장 노동자들의 정치 의식화라는 과제를 간과하고 미취업 가두 활동가 중심으로 전락하였다고 평가하고, 현장 노동자들이 중심이 된 새롭고 대중적인 정치 단체를 결성한다는 목표로 결성하였다. 그래서 인노회는 1년 이상 노동 현장에 근무한 사람에게만 회원자격을 주었고, 대중적, 민주적 운영 방식이 인노회 활동의 특성이 되었다.

기억나는 주요 사람을 중심으로 정리해 본다. 1988년 1월부터 나와 손형민, 신정길, 유동환, 김선철 등이 모여 논의를 시작했다. 인부노회를 만들 때 처음부터 내가 대표를 맡았다. 주요 활동으로는 민주노조 활동을 지원하고, 노동법 개정 투쟁을 벌이며, 노동자의 통일 운동을 추진하는 한편 군부독재에 반대하는 투쟁을 벌였다. 이후 3월 시흥에 있는 작은자리회관에서 창립대의원대회를 열었다.

88년도 6월 인천대 운동장에서 결성대회를 했다. 150명 정도가 참여하였다. 그리고 10월에는 정석항공전문대에서 체육대회를 하고

인부노회송년잔치(1988년)

송년 잔치는 부평신협 강당에서 했다.

인노회는 대중 정치 조직을 지향하며 창립하였다. 그 이전에 활동하는 여건과 많이 달라져서 88년도 이후에 우리가 좀 더 공개적으로 활동을 하자고 동의해서 몇 간부들은 이른바 가명을 정리하고 실명 공개 활동으로 전환하였다. 그때 나의 가명은 후배들이 부르는 별칭으로 '딸랑이'였다. 그래도 위험한 정책 담당자들은 비공개로, 그래서 우리가 반 정도 공개하는 형태였다.

인부노회에 참여한 주요 서클들은 조성범 선배팀과 신정길 씨 팀이 중요했다. 가장 많은 활동가가 있었다. 그리고 소수 지역팀과 모임들이 모여서 만들게 된다.

인노회 결성은 "인천·부천 지역 노동 형제들에게 드리는 글"을 통해 '인천지역민주노동청년회'(인노청) 결성을 제안하면서 시작되었다. 여기서 인노청은 노조나 친목 단체처럼 공공연한 단체는 아니며, 반(半)합법 단체이고, 공개 활동과 비공개 활동을 결합하여 실천하는 단체이며, 광범한 노동 대중이 참여할 수 있는 대중적인 싸움을 수행하는 투쟁 단체라고 조직의 위상을 정하고, 나라의 자주화와 민주화, 평화통일의 큰 뜻에 동의하는 노동자라면 회원이 될 수 있다고 밝혔다.

인노회는 "첫째, 인천·부천 지역 노동자들이 모인 단체이며, 둘째, 임금 인상, 민주노조 건설 등 노동자들의 권리와 공장의 민주화를 위해 앞장서는 용감하고 믿음직한 노동자들이 모인 단체이며, 셋째, 모든 일하는 사람들과 민족의 고통스러운 현실을 바로잡아 자주적이고 민주적인 사회를 만들어가려는 애국적인 노동자들이 모인 단체이다"라고 밝혔다.

개인적인 생각으로는 인노회가 활성화되기 어려웠던 게 공실위처럼 전문적인 영역으로 빠져나간 활동가들이 많아 아쉬웠다. 다양한 노동운동 단체가 생기며 서울로 간 활동가와 노동조합 중앙 실무자로 간 활동가도 많았다. 자기가 했던 영역을 더 발전시키기 위해 그래서 아주 훌륭한 활동가가 된 친구들이 있었다.

게다가 당시 6월항쟁으로 국민의 저항 의식이 높아진 상태에서 매우 수세적 조건에서 출범한 노태우 정권의 대공부서는 존립이 위태로워졌다. 경찰은 공안사건을 조작해서라도 정국을 전환시키려 했다. 이에 경찰은 1988년 10월 무렵부터 인천 지역 여러 노동단체에 대한 감시와 노동자들에 대한 미행을 부쩍 늘렸는데, 이 과정에서 활발하게 공개 활동을 하며 활동 내용과 회원들이 공개되어 있던 인노회를 맨 먼저 탄압했다.

인노회 사건 관련자 총 18명 중 16명이 구속되고, 2명이 불구속되었다. 경찰과 검찰은 인노회를 이적단체로 몰기 위해 불법연행, 허위자백 강요와 내용 조작 등 온갖 방법을 다 동원했고, 그 과정에서 인노회도 이적단체로 지목되면서 와해된다.

구속과 지리한 법정투쟁 과정에서 결국 모두 무죄를 선고받고 이적단체 혐의도 벗었지만 그 과정에서 김순호의 프락치 혐의, 지금도 문제가 되는 조희대 판사의 기각된 영장 재발부 등 많은 일이 있었다. 무엇보다 최동이 분신하고 죽게 된 일은 정말 가슴 아픈 일이었다.

우리가 인부노회 만들기 전, 최동은 부천의 책임 활동가였다. 최동은 민주화 열기가 한창이던 1980년에 대학에 들어간 후 곧바로 성균관대의 대표적인 이념 서클의 하나였던 '동양사상연구회'에 가입하여 활동했다.

1983년 5월 광주민중항쟁 진상 규명을 요구하며 학내의 시위를 주도하다 구속되어 첫 교도소 생활을 시작하였고, 출소 후 최동은 줄곧 부천 지역에서 노동운동을 했고, 88년 3월 창립한 인천부천민주노동자회 결성에 산파 역할을 했다. 최동은 89년 2월 검찰은 6공화국 들어 처음으로 '이적단체구성죄'를 적용하여 인천부천민주노동자회 관계자 6명을 구속할 때 같이 구속되었다.

검찰은 약 20일에 걸쳐 조사를 받은 수사관들이 잠을 안 재우거나 안기부에 넘기겠다고 협박하는 등 정신적 압박감이 극에 달하는 수사를 했고, 이 과정에서 최동은 극심한 불면증, 실어증에 시달렸고 증세가

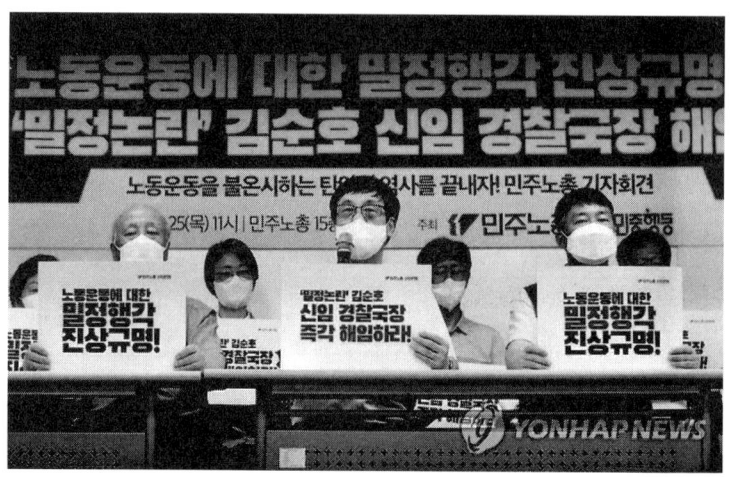

악화되어 '우울증과 정신분열 증세'라는 진단을 받았다. 출소 이후에 신경정신과에 입원해 치료를 받았으나 상태는 호전되지 않았다. 최동은 어떻게든 건강을 회복하려고 노력하기도 했지만, 결국 상태가 다시 악화되고 90년 8월 7일 오전 9시 30분경 분신, 운명했다.

당시에 시위에 참여하고 그랬을 때 이 친구가 시위 주동을 뜨는 건 기본이고, 연락과 조직을 하고, 꽃병과 전투조의 선두를 맡았다. 서클 대표들이 모이면 주로 구속을 각오하고 시위를 주동할 사람과 진행과 퇴로와 유인물 내용을 정하고 그다음에 꽃병을 어떻게 만들 것인가와 조달 방법을 회의에서 진행되었다. 그러던 시절에 서클 간에는 신뢰성이 있었다. 일이 결정되는 대로 시위 주동을 하고, 유인물 작업 등이 항상 잘 준비되어 신기할 정도였다. 그 과정에서 최동은 누구보다 헌신적으로 싸웠다. 나는 최동열사추모사업회 회장을 아직까지 맡고 있다.

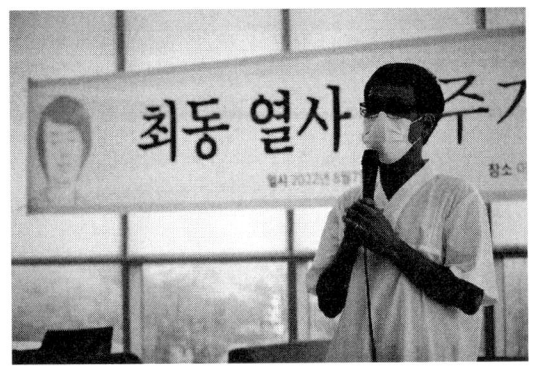

최동 열사 31주기 추모제(2022년)

아랫글은 인노회 활동을 함께했던 신정길 씨가 2022년 12월 계간 「작가들」에 실은 글을 본인의 허락을 얻어 싣는다. 이 글을 싣는 이유는 인노회가 지금까지 체계적으로 조망된 적이 없었기에 조직에 대한 자료 차원의 의미도 크다. 2022년 12월 당시 신정길 씨는 인천부천민주노동자회 사건과 재심 과정에 있었고 2025년 3월에야 최종 무죄 판결을 받음으로써 인노회는 이적단체 누명을 완전히 벗게 됐다.

1. 인천부천민주노동자회(인노회)의 창립

1) 창립 배경

1970년대 유신독재 시절 국민의 기본권은 크게 제약받았다. 특히 노동자와 농민들은 경제 성장의 중요한 담당자임에도 저가격 농산물정책, 장시간 저임금 노동정책으로 희생을 강요받았다. 이에 생존권 보장을 요구하는 노동자, 농민들의 투쟁은 끊이지 않았고, 그럴 때마다 독재 정권은 잔인하게 탄압하였다. 동일방직, 원풍모방, YH무역 노동자들의 투쟁이 대표적인 노동 사건이다.

12.12 군사 반란과 광주학살로 80년대를 연 전두환 군사정권은 더욱 폭압적인 방식으로 국민의 생존권과 기본권을 억압하였다. 민주인사들과 정치인들에 대한 가택연금과 구속이 일상화되고, 수백 명에 달하는 언론인들을 해고·투옥하였으며, 민주화를 요구하는 학생들을 강제로 군에 입대시켜 밀정이 되도록 강요하는 만행을 저지르는가 하면, 무고한 국민을 삼청교육대에 끌고 가서 폭행하고 강제노역까지 시켰다.

한편 미국이 반란과 학살을 묵인·지지한 사실이 드러나면서, 국민의 미국에 대한 인식도 바뀌게 되었다. 부산 미국문화원 방화 사건과 서울 미국문화원 점거 사건 등이 대표적인 반미투쟁들이다.

1980년대에 들어 어용 노조 민주화운동과 민주노조건설운동으로 노동자들에 대한 조직화가 진전되었다. 한편으로 학생운동 출신자들이 대거 노동 현장에 취업하여 노동운동을 고양시키려 하였다. 이들은 학생운동의 경험을 살려 노동 현장의 각종 투쟁들을 조직하였다. 대우자동차 파업 투쟁, 구로 지역 동맹파업 등이 대표적인 투쟁이다.

이들 학생운동 출신 노동자들은 노동조합 운동의 경제주의를 극복해야 한다면서 단위 사업장을 뛰어넘는 정치적 대중 조직을 만드는 데 앞장섰다. 서울노동운동연합(서노련)과 인천지역노동자연맹(인노련)이 대표적이다. 그러나 5.3인천민주화운동과 뒤이은 부천 경찰서 성고문 사건의 대응 과정에서 서노련과 인노련은 계급 이기주의 행태를 보이며 정치·투쟁·조직 노선의 혼란상을 드러냈다. 이에 조직적 평가를 통해 진로를 모색하자는 주장과 지도부와 노선에는 오류가 없다는 주장, 해산하고 산개(散開)하자는 주장 등으로 조직은 혼란에 빠졌다. 그러면서 여러 작은 그룹들로 갈라져서 각각 진로를 모색하였다.

그러던 중 1987년 1월 박종철 고문 살해 사건이 생겼다. 전두환 정권의 폭력성과 잔인성이 만천하에 드러나면서 국민은 분노하였다. 이에 인천·구로·영등포 등 몇몇 지역 노동운동 그룹의 대표들이 모여 투쟁을 공동 기획하며 이 공동 투쟁을 통해 조직을 결성하기로 하였다. 2월 7일 '고 박종철 군 국민추도회'와 3월 3일 '고 박종철 군 49재 및 고문 추방 국민대행진'에 참여하였고, 이어서 전두환의 4.13 호헌조치에 대항한 '호헌철폐 민주헌법 쟁취 투쟁'(6월 민주항쟁)까지 이어졌다. 이 과정에서 인천, 부천 지역 그룹들은 인천지역민주노동자연맹(인민노련)을 결성, 6월 26일 부평 가두 투쟁 현장에서 결성선언문을 발표하였다.

그러나 인민노련은 곧바로 그해 12월로 예정된 대통령 선거 참가 방침을 놓고 갈등이 생겼다. 민중독자후보론과 후보단일화론 그리고 후보를 지정하여 후보단일화를 요구해야 한다는 주장(비판적 지지론)으로 나뉘어졌다. 나는 대통령 선거 참여 방식은 하나의 전술일 뿐 민중운동에서 결정적 전략이 아닐뿐더러 조직 결성 초기에 무리하게 다수결로 결정하면 조직이 분열될 것이라고 지적하며 다수결로 결정하는 것을 강력히 반대하였다.

그러나 대의원대회에서 다수결로 독자후보론으로 결정이 나고 말았다. 나는 그 자리에서 소수파 대의원들에게 잘됐든 잘못됐든 결정이 난 이상 함께 실천한 후 함께 평가하면서 조직을 세워 나가자고 간곡히 호소하였다. 그러나 곧바로 후보단일화론자들이 탈퇴, 인천지역노동자연합 준비위원회(인준위)를 결성하여 명동성당에서 삭발, 단식 농성을 하는 등 후보단일화 운동을 하였고, 조금 뒤 비판적 지지론자들은 처음엔 김대중 후보로의 단일화를 주장하다가 투표일이 임박하여 지지율이 더 높은 김영삼 후보를 위해 김대중 후보가 사퇴할 것을 주장하였다.

결과는 군부정권의 연장과 노동운동의 분열로 귀결되었다. 87년 6월 민주대항쟁 이후 분출한 7~9월 노동자 대투쟁에 부응하여 더 깊이 노동대중 속에 들어가야 할 시기에 보수 정당 후보들의 각축장일 뿐인 대통령 선거에 몰두한 어리석은 결정의 후과는 노동운동을 분열시켰고, 분열은 심화되어 오늘에 이르고 있다.

2) 인노회의 결성

인노회는 인민노련과 인준위가 비대중적이고 정치, 가두 편향적인 선도적 투쟁에 빠져 현장 노동자들의 정치의식화라는 과제를 간과하고 미취업 가두 활동가 중심으로 전락하였다고 평가하고, 각종 노동 서클들은 학습 위주, 비공개 활동에 젖어 87년 7~9월 노동자 대투쟁 이후 양산되는 선진적 노동자들의 요구를 수렴할 수 없는 한계에 빠져 있다고 판단하여 이를 극복하기 위해 현장 노동자들이 중심이 된 새롭고 대중적인 정치단체를 결성한다는 목표로 결성하였다. 그래서 인노회는 1년 이상 노동 현장에 근무한 사람에게만 회원자격을 주었고, 대중적, 민주적 운영 방식이 인노회 활동의 특성이 되었다.

인노회 결성은 "인천·부천 지역 노동 형제들에게 드리는 글"을 통해 '인천지역민주노동청년회(인노청)' 결성을 제안하면서 시작되었다. 여기서 인노청은 노조나 친목 단체처럼 공공연한 단체는 아니며, 반(半)합법 단체이고, 공개 활동과 비공개 활동을 결합하여 실천하는 단체이며, 광범한 노동 대중이 참여할 수 있는 대중적인 싸움을 수행하는 투쟁 단체라고 조직의 위상을 정하고, 나라의 자주화와 민주화, 평화통일의 큰 뜻에 동의하는 노동자라면 회원이 될 수 있다고 밝혔다.

1988년 1월 중순경부터 안재환, 손형민, 신정길, 유동환, 김선철, 박동진(가명) 6명이 여러 차례 모임을 갖고, 기존 노동운동에 대한 평가, 인노청의 결성 목적, 정치·투쟁·조직 노선 등에 대해 토론을 한 후 창립취지문, 회칙 초안, 사업방침 초안 등을 작성하였다.

이어 회원 10명당 1명씩 대의원을 선출하여, 1988년 3월 5일 시흥시 소재 작은자리회관에서 대의원 17명이 참석한 가운데 창립 대의원대회를 열었다. 이 자리에서 회의 명칭을 인천부천민주노동자회로 바꾸어 회칙을 제정하고, 임원으로는 회장에 안재환, 부회장 겸 조직국장에 손형민, 사무국장에 유동환을 선출하고, 사업방침을 통과시킴으로써 인노회를 결성하였다.

인노회는 최고 의결 기구로 대의원대회, 집행 기구로 운영위원회, 상임집행위원회, 사무국, 조직국을 두었다. 사무국에는 교육선전반과 홍보반을, 조직국에는 부평, 주안, 부천에 각각 지구위원회를 두고 각 지구에는 여러 개의 분회를 두었다. 회원들은 모두 분회에 소속되어 주 1회 모임을 갖고 활동하도록 하였다. 인노회 사무실은 처음에는 부천 송내동에, 나중에는 인천 십정동에 두었다.

2. 인노회의 목적과 활동 내역

인노회의 목적은 회칙 제2조에 다음과 같이 명시하고 있다.

① 노동 형제와 조국을 위하여 의로운 삶을 살며 상부상조하고 노동자로서 올바른 품성을 함양한다.

② 회원 나아가 노동 형제들의 생존권과 민주적 제 권리를 쟁취하기 위해 앞장선다.

③ 자주적이고 민주적인 통일조국을 건설하기 위해 노력한다.

④ 모든 노동자 단체와 단결하며 각계각층의 민주단체와 협력한다.

1988년 회원 가입 안내문 팸플릿

그리고 "인천부천민주노동자회는 어떤 단체일까요?"라는 '회원 가입 안내문'에서, 인노회는 "첫째, 인천·부천 지역 노동자들이 모인 단체이며, 둘째, 임금 인상, 민주노조 건설 등 노동자들의 권리와 공장의 민주화를 위해 앞장서는 용감하고 믿음직한 노동자들이 모인 단체이며, 셋째, 모든 일하는 사람들과 민족의 고통스러운 현실을 바로잡아 자주적이고 민주적인 사회를 만들어가려는 애국적인 노동자들이 모인 단체이다"라고 밝혔다.

또 인노회가 하는 일로는 "첫째, 회원 및 노동 형제들의 자질 향상과 실천 활동에 필요한 공부와 토론을 일상적으로 벌여나가며 이에 필요한 교육 자료의 발간 및 정기·부정기 교양강좌를 실시하며, 둘째, 회원 및 노동 형제들의 요구를 널리 알리기 위해 홍보물을 발행하고 대소 규모의 대중 집회를 개최하며, 셋째, 회원 및 노동 형제들의 임금인상 투쟁, 민주노조 건설 투쟁 등 제반 투쟁을 지지·지원하는 활동을 하며, 넷째, 모든 노동 단체, 각계각층의 민주 단체와 협력하여 공장에서의 생존권과 민주적 제 권리 요구 투쟁뿐만 아니라 이 땅의 자주·민주·통일을 위해 앞장서 투쟁한다. 이를 위해 전국노동운동단체협의회, 인천민족민주운동연합, 전국민족민주운동연합에 가입하여 활동한다"라고 밝혔다.

또 이 안내문에서 자주, 민주 통일의 의미도 밝혀두었다. "자주란 외세 특히 미국의 정치·경제·군사·문화적 지배와 간섭으로부터 벗어난 진정한 자주독립 국가를 만드는 것이며, 민주란 노동자·농민 등 전 민중의 생존권과 민주적 권리가 실질적으로 보장되는 것이며, 언론·출판·집회·시위·결사·사상의 자유가 보장되고 고문이 없는 세상을 만드는 것이며, 통일이란 자주·평화·민족대단결의 원칙에 의거하여 남북 쌍방의 합의하에 반드시 이룩해야 할 7천만 겨레의 염원인 통일을 이루는 것이다"라고 그 의미를 밝혔다.

"88년 상반기 사업 평가와 하반기 사업계획서" 등에 따르면, 인노회는 다음과 같은 활동들을 하였다.

1) 전체 행사
① 1988. 3. 5. 창립 대의원대회 개최
② 1988. 4. 국회의원선거에 출마한 인천, 부천 지역 후보들 초청 간담회 개최
③ 1988. 6. 12. 인천대 잔디밭, 회원과 가족 등 100여 명이 참여한 '인부노회 창립 잔치' 개최
④ 1988. 10. 23. 인하대 운동장, 회원과 가족 120여 명이 참여한 '가을 체육대회' 개최(정석항공고)
⑤ 1988. 12. 25. 부평 신용협동조합 강당, 회원과 인천 지역 노동자 100여 명이 참여한 '인천 지역 노동자 송년 잔치' 개최

2) 노동 현장 지원 등 연대 활동
① 1988. 4. 중순, 삼산동 소재 한독금속 '임투 승리 축하대회' 참가
② 1988. 6. 10. 민주쟁취국민운동 인천본부 주최로 주안1동 성당에서 개최한 '6월항쟁 정신 계승 및 1주년 기념대회' 참가

③ 1988. 6. 중순, 인천지역노동조합협의회 주최로 부평1동 성당에서 개최한 '구속 노동자 석방촉구 결의대회' 참가

④ 1988. 6. 중순, 인천대에서 위장폐업공동대책위 주최 '위장폐업분쇄 결의대회' 참가

⑤ 1988. 6. 하순, 삼산동 소재 콜트악기 임투 전진 대회 참가

⑥ 1988. 8. 중순, 부천 삼정공단 소재 대호전자 파업 노동자 격려 방문

⑦ 그 외 동신전자, 코스모스전자 등 인천, 부천 지역 임투 관련 집회, 파업 현장 지원활동 등에 다수 회원 참가. 주로 인노회 회원들이 근무하는 공장을 중심으로 지원함

⑧ 노동법 개정 촉구 집회 등 노동자의 권익 향상을 위한 집회 참가

⑨ 5공 비리 청산, 전두환, 이순자 구속 촉구 집회 등 민주화 요구 집회 참가

인노회에 대한 탄압

오랜 세월 주면 주는 대로 시키면 시키는 대로 살아온 노동자들은 87년 7~9월 노동자 대투쟁을 거치면서 노동자야말로 이 세상의 참 주인임을 확인하였다. 또 사람답게 살기 위해서는 뭉쳐서 싸워야 하며 뭉쳐서 싸우면 이긴다는 것을 깨달았다. 이 깨달음은 전국에서 민주노조를 세우거나 어용 노조를 민주화하는 투쟁으로 나타났으며, 각 지역별 노동조합 협의회를 세웠다. 바야흐로 이 땅의 노동자들이 사람답게 대접받는 참 민주사회를 건설하기 위해 스스로 나선 것이다. 이렇듯 노동자의 힘이 날로 커가고 더불어 농민운동, 학생운동 등 전체 민족

민주화운동의 힘도 빠르게 커져서, 89년 1월에는 전국민족민주운동연합(전민련)의 결성으로 나아갔다. 이처럼 노동운동을 비롯한 전체 민족 민주화운동의 힘이 날로 커가자, 노태우 정권은 이를 깨뜨리기 위해 안달하였다.

6월항쟁으로 국민의 저항 의식이 높아진 상태에서 매우 수세적 조건에서 출범한 노태우 정권은 어떻게든 수세적인 정국을 전환시키고자 하였다. 박종철 군 고문 살해 사건으로 간부들이 대거 구속되는 등 경찰이 크게 위축되었고 특히 대공부서는 존립이 위태로워졌다. 이에 경찰은 공안 사건을 조작해서라도 정국을 전환시키려 하였다. 이에 경찰은 1988년 10월 무렵부터 인천 지역 여러 노동 단체에 대한 감시와 노동자들에 대한 미행을 부쩍 늘렸는데, 1989년 봄에 있을 노동자들의 투쟁을 미리 막으려는 짓이었다. 이 과정에서 활발하게 공개 활동을 하였기 때문에 활동 내용과 회원들이 공개되어 있던 인노회를 맨 먼저 탄압한 것이다.

경찰은 1989년 1월 26일 유봉인, 정규옥 두 회원을 영장도 없이 불법 강제 연행하여 구속하였다. 이어 2월 8일 오후 설날 휴가를 마치고 출근한 사무국원 6명(손형민, 고남석, 신정길, 이동진, 이성우, 김동호)을 인노회 십정동 사무실 앞길에서 영장 없이 불법 강제 연행하여 치안본부 대공 3부(홍제동 대공분실)로 끌고 갔다. 거기서 잠도 안 재우고, 자기들이 미리 짜놓은 각본대로 진술하라고 강요하였다. 특히 인노회의 목적이 민족해방민중민주주의혁명(이하 NLPDR)이라고 진술하도록 강요했다. 그러다가 백영엽 판사가 구속영장을 기각하여 약 78시간 만에 모두 풀려났다. 그 후 사무국원들은 전과 같이 날마다 사무실에 출근했으며, 이성우 회원은 2월 18일에 예정된 결혼 준비에 바쁜 날을 보냈다. 그런데 검찰은 느닷없이 2월 16일 구속영장을 다시 청구해 발부받았다(김동호 제외). 영장 기각 후 추가 수사도 하지 않고 TK 출신 조희대 판사 당직 일을 골라서 영장을 재신청한 것이다. 이로써 사무국원들은 수배되었고, 결혼식은 신랑도 없이 신부와 가족 친지들만 모인 자리에서 눈물바다로 끝나고 말았다.

이후 3월 27일 이광석, 4월 1일 강병권, 한기성, 송명진 등 부평지구 회원들이, 4월 28일 오후에는 수배 중이던 손형민이 구속되었고, 같은 날 밤에 김민삼, 최동, 4월 29일 조성욱, 박종근 등 부천지구 회원들이 연행되었다. 수배 중이던 안재환 회장이 6월 3일, 신정길이 6월 7일, 이동진이 6월 14일 각각 연행되어 구속되었다. 그 외 부회장 서형옥과 이성우, 김동호(1992년 9월 노동자문화마당 일터 사건 당시 인노회 건이 병합됨)는 1990년 이후 연행되어 구속되었고, 고남석은 오랫동안 수배되었다가 김대중 정부 때 기소유예되었고, 훈방되었던 박종근, 조성욱 중 조성욱은 뒤에 부천 세라아트 파업 사건으로 연행되었을 때 인노회 건이 병합되었다.

이렇게 인노회 사건 관련자 총 18명 중 16명이 구속되고, 2명이 불구속되었다. 당시 회원들이 받은 형량은 다음과 같다:

안재환, 손형민 — 징역 1년 6월 자격정지 2년
서형옥, 신정길, 한기성, 김동호 — 징역 1년 자격정지 1년
정규옥, 조성욱 — 징역 1년 6월 자격정지 2년 집행유예 3년
최동 — 징역 1년 6월 자격정지 1년 6월 집행유예 2년

유봉인, 강병권, 송명진, 김민삼, 이동진, 이성우, 이광석
— 징역 1년 자격정지 1년 집행유예 2년

경찰이 인노회를 이적단체로 몰기 위해 조사 과정에서 맨 먼저 인노회의 목적이 이른바 NLPDR이라고 조작하려 하였다. 이것이 뜻대로 안 되자 다음에는 겉으로 드러난 목적은 회칙에 있지만 숨은 목적이 NLPDR이라고 진술하도록 강요하였다. 이마저 자기들 뜻대로 안 되자 인노회 목적 ③항에 있는 자주, 민주, 통일이라는 용어의 의미를 조작하여 이것이 인노회가 추구하는 이념이라고 진술하도록 강요하였다.

즉, 자주란 미 제국주의를 축출하고 노동자, 농민 등이 힘을 합쳐 민족해방투쟁을 완수하는 것을 뜻하고, 민족해방투쟁의 승리는 민중민주주의 정권의 수립이며, 사회주의 국가의 건설을 지향하는 것이고, 민주란 미제와 결탁한 독재 정권과 매판자본에 의해 대다수 노동자, 농민 등이 민주적 권리를 박탈당한 상태를 회복시키는 반독재투쟁을 말하며, 이 민주적 권리의 회복은 민족 자주화를 이루는 중요한 조건이고, 통일이란 민중이 분단 상황을 끝내고 남북이 하나 되는 것으로서 반미 자주화 투쟁, 반파쇼 민주화 투쟁을 통하여 민족해방민중민주주의 혁명을 완수, 궁극적으로 사회주의로의 통일을 말하는 것이라는 등으로 정해 놓고 이대로 진술하라고 강요하였다.

강요하는 방법은 경찰이 조작한 대로 자주, 민주, 통일의 의미를 자술서에 쓰도록 강요하였다. 그대로 쓰지 않으면 며칠 동안 잠을 안 재우고 계속 강요한다. 그러다 지칠 대로 지친 한 회원이 검찰 조사나 재판 때 진실을 밝힐 요량으로 허위로 자백하면, 이번에는 이것을 복사

해서 들이밀며 "다른 사람은 다 진술하는데 너만 왜 버티느냐"라며 계속 허위자백을 강요한다. 끝까지 허위자백을 안 한 사람에게는 다른 사람의 허위 진술서를 갖다 붙여 신문조서를 꾸민다. 회원들이 검찰 조사 때 이런 사실들을 밝히고 진실대로 진술해도 검찰은 경찰 조서대로 기소하고, 재판정에서 부인하여도 재판부는 그대로 인정하여 유죄를 선고하였다.

다음으로 경찰과 검찰의 회의 목적에 대한 조작이 좀 미흡하다고 생각했던지 인노회를 이적단체로 보도록 하는 여러 정황들을 만들었다. 사법 처벌의 대상이 될 수도 없고 돼서도 안 되는 회원 각 개인의 신념을 조작하여 서술하고, 인노회 사무실에 보관 중이던 자료들의 내용을 전체 뜻과는 무관하게 특정 부분만 의도적으로 선택, 왜곡하기도 하였다.

이처럼 경찰과 검찰이 인노회를 이적단체로 몰기 위해 여러 짓을 하였는데 그중 제일 많이 써먹는 수법은 대개 세 가지 조작 방법이다.

첫째는 아예 없는 것을 있는 것으로 생짜로 만드는 방법이다. 여기에는 다시 두 가지가 있는데, 없는 사실을 있는 사실로 만드는 것이 하나이며, 억지 추측으로 어떤 행위의 목적과 동기를 전혀 사실과 다르게 만드는 것이 또 하나이다. 앞의 방법은 창립 준비 모임에서 안재환이 자주, 민주, 통일에 대해 길게 설명했다고 만든 것 등이다. 뒤의 방법은 각종 유인물을 만든 동기와 목적을 경찰이 멋대로 지어서 갖다 붙인 것이다.

둘째는 특정한 용어의 뜻을 왜곡 날조하는 방법이다. 자주, 민주, 통일에 대해 경찰이 만든 의미가 그것이다.

셋째는 책자 내용 중 특정한 부분만 의도적으로 선택, 인용하여 그것을 그 책자의 전체 내용인 양 왜곡하는 방법이다. 이 방법은 심지어 인용 부분이 전체 내용과는 정반대되는 내용이어서 책자를 전체 내용과는 정반대되는 내용의 책자로 둔갑시키는 일도 있다.

이상에서 보듯이 경찰과 검찰은 인노회를 이적단체로 몰기 위해 불법연행, 허위자백 강요와 내용 조작 등 온갖 방법을 다 동원하였다.

인노회 회원들의 명예 회복과 재심 과정

2000년 1월 12일 '민주화운동 관련자 명예 회복 및 보상 등에 관한 법률'이 제정되어, 인노회 사건 관련자들도 민주화운동관련자명예회복및보상심의위원회(이하 심의위원회)로부터 인노회 활동에 대해 다음과 같이 민주화운동으로 인정을 받았다. 2001년 11월 27일 최동, 유봉인, 2003년 8월 19일 강병권, 2003년 9월 30일 송명진, 2004년 6월 15일 안재환, 2004년 6월 29일 정규옥, 2005년 5월 2일 한기성, 2004년 4월 27일 서형옥, 2005년 3월 14일 이광석, 2005년 8월 8일 손형민, 2006년 11월 20일 이동진, 2010년 1월 11일 이성우.

그런데 심의위원회는 신정길에 대해서 1985년 대우전자에 입사하여 1986년 해고된 사실에 대해서는 민주화운동으로 인정하고, 인노회 활동에 대해서는 민주화운동으로 인정하지 않았다. 인노회가 이적단체이고, 인노회 활동 약 5년 후인 1994년에 이적단체인 조국통일범민족연합에 가입하여 활동하였다는 이유 등을 들었다. 인노회 활동에 대해 명예 회복 신청을 한 회원 중 유일하게 신정길만 인정하지 않은 것이다. 이에 신정길이 "심의위원회가 명예 회복을 신청한 모든 회원의 인노회 활동을 민주화운동으로 인정하였고, 더구나 신정길보다 더 무거운 처벌을 받은 간부들조차 인정하면서 신정길만 불인정한 것은 헌법상 평등의 원칙에 어긋나며, 5년 후의 행위를 가지고 선행 행위까지 재단한 것은 잘못이다"는 등의 이유로 행정소송을 제기, 2012년 5월 17일 서울행정법원, 2012년 11월 2일 서울고등법원에서 모두 승소하였다. 그러나 2014년 10월 6일 대법원 소부(주심: 민일영)에서 이를 파기 환송하였다.

이에 신정길이 2015년 7월 15일 서울고법에 인노회 사건에 대한 재심을 신청하였다. 재심 신청 사유로는 첫째, 형사소송법 제420조의 제5호 유죄의 선고를 받은 자에 대하여 무죄를 인정할 명백한 증거가 새로 발견된 때(인노회 사건 관련자들이 민주화운동 관련자로 인정된 사실), 둘째, 위 제420조의 제7호 수사에 관여한 검사나 사법경찰관이 그 직무에 관한 죄를 범한 것이 확정판결에 의하여 증명된 때, 이 두 가지 사유를 들었다.

그리고 1989년 2월 8일 불법 연행되어 1989년 2월 11일까지 불법 감금되었다는 사실을 1989년 2월 8일자 치안본부 작성 '범죄인지 동행보고서'와 2월 11일자 기각된 '영장' 그리고 1989년 2월 11일자 치안본부 작성 '신정길에 대한 피의자 신문조서'를 등사·제출하여 증명하였다. 특히 2월 11일자 조서에는 신정길이 불법 연행, 구금 사실에 대해 항의하며 석방을 요구하면서 수사관들과 몸싸움을 하는 장면이 묘사되어 있다.

이로써 불법 체포, 구금된 사실이 증명되어 서울고법이 2015년

12월 31일 재심 개시 결정을 내렸고, 재심을 거쳐 2017년 1월 18일 선고를 하였다. 선고 요지는 "인노회는 인천·부천 지역 노동자들의 경제적·정치적 활동을 지원하기 위해 설립된 대중적 노동 단체로서 그 구성 목적이나 활동 내역, 외부와의 연계 정도 등을 감안할 때, 북한의 활동을 찬양·고무·선전·동조하는 활동을 단체의 목적으로 삼지 않았고, 대한민국의 존립·안전이나 자유민주적 기본 질서에 실질적 해악을 끼칠 위험성도 없으므로 이적단체에 해당되지 않는다"라는 것이다. 다만 "신정길이 만든 '한국 사회의 성격과 변혁운동의 성격' 제하의 유인물은 이적표현물이고, 동신전자 파업 현장을 방문한 것은 노동쟁의조정법(3자 개입 금지)을 위반한 것"이라며 징역 1년 집행유예 2년을 선고하였다. 대법원이 2020년 4월 29일 쌍방의 상고를 기각하여 위 판결은 확정되었다.

인노회가 이적단체가 아님이 확정되었음에도, 2021년 4월 21일 행정소송의 파기 환송심을 맡은 서울고법은 신정길이 승소한 서울행정법원의 판결을 파기, 신정길의 인노회 활동에 대한 심의위원회의 불인정 결정을 취소하지 않았다. 재심 재판에서 이적 표현물이라고 판단한 표현물은 신정길이 인민노련 기관지 「노동자의 길」을 단순히 오려 붙인 것으로, 그 기관지를 발행한 인민노련 간부들조차 민주화운동 관련자로 인정되었다. 이어 2021년 8월 12일 대법원이 심리불속행으로 확정하여 심의위원회의 오류는 끝내 바로잡히지 않았다.

한편 서울중앙지법은 2022년 1월 27일 최동에 대해 재심개시 결정을 하였고(재심개시 사유: 신정길 재판으로 인노회가 이적단체가 아님이 확정됨. 수사관의 불법 체포 감금), 이성우에 대해서도 2022년 5월 25일 재심개시 결정(재심개시 사유: 수사관의 불법 체포 감금)을 하였다. 그 외 재심을 신청한 회원들에 대한 재심개시 여부는 2022년 10월 31일 현재까지 결정 나지 않았다.

남은 문제들

1) 국가보안법은 언제 폐지될까?

신정길이 제작하였다는 이적 표현물은 "한국 사회의 성격과 변혁운동의 성격"이라는 제목으로 손 글씨로 만든 4쪽짜리 문건이다. 당시 인노회 연대사업 간부들의 혼란을 해소하고자 당시 연대사업 대상 단체인 학생운동 진영의 주요 입장(식민지반본주의론)을 당시 주안지구 위원장이던 오동진이 요약 정리하고, 인민노련의 입장을 신정길이 인민노련 기관지인 「노동자의 길」 29호, 33호를 단순히 오려 붙인 것이다. 이적 목적이 전혀 없이 인노회 간부들에게 연대사업 대상 단체들의 정치노선을 이해할 수 있도록 하기 위해 만든 자료일 뿐인데도, 인노회 사건 27년이 지난 2020년 4월 사법부는 이적 표현물로 판단하고 말았다.

2000년 6.15남북공동선언 이후 남북 간에 수많은 합의와 선언이 나왔음에도 사법부의 인식은 아직도 1990년대에 머물러 있다는 게 안타까울 뿐이다. 언제까지 북한의 주장과 같거나 비슷한 주장을 하거나 그런 내용의 문건을 읽거나 소지하면 국가보안법으로 처벌받아야 한단 말인가? 인류 공동선과 민족 동질성마저 부인하는 악법은 진작 폐지되었어야 한다.

또 신정길이 노동쟁의 조정법을 위반(3자 개입)했다고 유죄를 선고한 내용도 일반 상식과 미풍양속에 비추어 납득하기 어렵다. 재판부의 법리는 "88년 6월 4일 안재환, 손형민 등 인노회 회원들이 동신전자 파업 현장을 방문하여 노동쟁의 조정법을 위반하였는데, 신정길은 비록 이날 함께 가지는 않았지만, 안재환, 손형민 등과 인노회 설립을 주도하였고, 인노회 간부로 활동하였으므로, 공모공동정범에 해당하므로 유죄이다"라는 것이다. 쉬 납득하기 어렵다. 또 당시 회사 측이 수도와 전기를 끊어버려 어린 여공들이 기숙사에서 밥도 못 먹고 있는데 쌀 10킬로그램을 가져다준 게 죄가 된다면, 어려운 이웃을 돕는 우리의 미풍양속은 노동자들에게만은 적용되어서는 안 된다는 것인가?

2) 인노회 어느 간부의 밀정 논란

인노회 사건으로 구속된 후 수사관들의 강압적 수사 결과 정신분열 증상을 앓던 최동 열사는 1990년 8월 7일 분신 자결로 고문 정권에 항거하였다. 최동 열사와 학생운동 시절부터 10여 년을 긴밀하게 활동하였고, 인노회 부천지구 위원장이었던 김순호 경찰국장이 다음과 같은 이유로 밀정으로 의심받고 있다. 1989년 4월 28일~29일 부천지구 회원인 최동, 박종근, 조성욱 3인이 치안본부에 갑자기 연행되었는데, 이들은 모두 김순호와 밀접하게 활동하던 회원들인 데다가 김순호가 아니면 알 수가 없는 내용들(부천지구 전체 분회 조직도와 전체 분회원 명단 등)을 수사관들이 미리 알고서 이들에게 추궁하였으며, 김순호는 이들 부천 회원들이 연행되기 직전인 89년 4월 초순경 갑자기 잠적하였고, 더구나 그해 8월에 인노회를 수사한 치안본부 대공분실에 '대공

밀정 김순호 퇴진 규탄(2023년 9월)

공작 관련자'로 경장에 특채되어 빠른 속도로 승진하였으며, 또 수사관들이 수사 과정에서 먼저 김순호 본명을 거명하며 취조하였음에도 부천 회원들에게 윗선인 김순호의 소재지에 대해 한마디도 캐묻지 않았고, 그 무렵 인노회 간부들이 피신 중이었는데도 김순호는 그때 부천에 있던 친누나 집에 버젓이 있었으며, 구속도 되지 않았다는 점 등 때문에 의심을 받는 것이다. 진실이 밝혀져야 할 것이다. 역사의 심판은 끝이 없고 준엄하다.

인천지역노동운동단체협의회(인노운협)와 인천지역사회운동연합(인사연)

인천지역노동운동단체협의회(이하 인노운협)는 1988년 5월에 만들어지는데 나는 인노회를 대표해서 참여했다. 참여 조직은 공실위,

인천산선, 인천기독교민중교육연구소, 해협, 인민노련, 인천JOC 등이 참가해 창립하였다.

내가 초대 인천노운협 대표를 맡게 된다. 초기부터 내가 대표를 하게 되는데 처음엔 인민노련의 대표로 나와 김창환이 후보로 나왔다. 김창완은 나하고 학교 선후배 사이인데 둘이 경쟁을 하게 되어 인천노운협 대표를 뽑기 위한 선거를 했는데 이민우 선배의 적극적인 지지로 투표 결과 내가 인천노운협 대표를 맡게 된다. 인천을 대표해서 전국노운협에 나가보니 유명한 선배들이 많았다. 그때 내가 제일 나이가 어린 지역 대표였다. 이때부터는 인천이 아니라 전국 사업을 하게 된다. 방용석 선배, 김승호 선생 등 선배들하고 전국 투쟁 현장 다니고 거제, 울산 창원으로 지원을 갔다. 그때는 인부노회 대표로 참여했다. 인부노회가 1년여간 활동을 하다 1989년 6월 국가보안법 위반으로 구속되어 1년 6개월을 구치소에 있었고, 감옥에서 나와서 또 전국 사업을 하면서 승용차를 끌고 다녔다. 이 시기는 인천노운협 대표로 있던 때였다.

내가 감옥에서 1991년 출소하고 나와보니 인천 지역사회운동연합(인사연)과 우리 조직 통합 논의가 많이 진행되어 있었다. 서로 부족했던 시민사회와 노동 세력의 결합이 필요했다. 우리 조직은 노동위원회를 꾸려서 시민대학이나 노동대학 등 열린 공간에서 공개적인 활동을 하였다. 통일 운동이나 평화운동에 관한 확장 활동에도 서로의 필요성이 공감되었다. 그런 가운데 91년 6월 인사연 총회 준비를 위해 총준위가 진행되었다.

1991년 6월 27일 1시경 인사연 사무실에서 정기총회를 준비하고 있던 총준위에 인천대에 공권력이 투입되었다는 소식이 들어왔다.

유재관 33주기(1992년)

총준위는 인사연도 곧 침탈당할 것이라는 판단을 내렸다. 그럴 경우 총회 자료가 압수당하게 되고 조직에 대한 큰 타격이 예상되었다. 총준위 위원이던 유재관은 어떻게든 이를 막으려고 급히 사무실을 나오다가 3층 유리창을 열고 뛰어내렸으나, 실족하여 피투성이가 된 채 쓰러져 급히 병원으로 옮기던 중 사망했다.

유재관은 1984년 학원 자율화 조치로 수배가 해제되어 학회 건설에 노력하다가 사회변혁을 이루기 위해서는 노동자의 역량 강화가 절실히 요구된다고 판단하고 노동 현장에 뛰어들었다.

당시 유재관은 구로 지역을 거쳐 인천으로 왔고, 주로 목재단지 근처에 방을 얻어 동료들과 함께 생활했다. 이후 목재 노동자회와 인천부천민주노동자회, 인사연 활동을 통해 이 사회의 민주주의와 통일 그리고 노동자들의 인간다운 삶을 쟁취하는 활동을 앞장서서 전개하던 훌륭한 동지였다.

유재관 열사의 장례식날은 비가 많이 온 것으로 기억난다. 뼈아픈 기억이다. 나중에 유재관 열사 묘를 국립이천민주공원으로 이장할 때였다. 개장하면서 보니 머리와 어깨가 많이 부서져 있어 더욱 마음을 아프게 했다. 30년이 넘는 기간 빠짐없이 유재관열사추모사업회를 하며 재관이 아버님과 어머님을 보내고 이제는 동생들과 추모제를 지낸다. 그래도 『유재관추모집』을 만든 것과 민주공원으로 모실 수 있어서 다행이라고 생각한다.

한국노동운동협의회(한노협)

91년 이후 방용석, 양재덕 선배님들을 모시고 내가 5~6년 사무처장으로 실무 책임자로서 상근했다. 한국노운협의 정체성은 노동자들과 함께하는 정치활동이었다. 공동 대표단 중에 방용석 선배는 노조 지원이 주요한 역할이라고 하였다. 노동자들과 함께하는 정치활동을 위해 회보 발간이나 전국 조직을 건설하기 위해 각 지역을 돌아다녔다.

울산에서부터 부산과 마산, 창원까지 내가 주로 지역 조직들 담당을 했었다. 그래서 고물차를 끌고 전국을 다니면서 한노협에서 했던 것은 파업 투쟁 지원과 통일 행사를 위한 일이었는데 지리산에서도 하였다. 그때 상황이 통일과 관련된 일이 활성화되어 학생들과 공동 행사도 많았다. 그때 세계청년축전이 평양에서 행사를 할 때 임수경 방북이 있었다. 범민련이 분열되면서 우리 활동도 좀 약화했지만, 문익환 목사님을 쫓아다녔다. 그 다음엔 범민련에서 일부 나와 민족공동체 활동을 했다.

그리고 아픈 기억을 적어본다. 1996년 김말룡 의원의 계양구 총선은 뼈아픈 기억이다. 김말룡은 1992년 민주당 전국구 국회의원이 되는

데, 철도와 지하철 파업 지원, 한국통신 조합원 농성, 병역특례 해고자 조수원 씨 분신 사건에 이르기까지 김말룡은 노동자의 입과 손발이 되어 뛰어다녔다. 한국에는 단병호, 심상정 의원 이전에 노동자 의원 김말룡이 존재했던 것이다. 그러나 1996년 봄 계양갑구에 출마했다가 재선에 실패한 뒤 같은 해 10월 갑작스러운 심장마비로 사망했다. 그는 출중한 인물이었지만 여러 요인으로 총선에서 패배했고, 운동권도 각 정파 운동권이 결집해서 했는데 성과도 잘 안 나고, 갈등도 심해서 이런 방식으로는 안 되겠다고 생각했다. 연대보다는 지역에서 차분하게 장기적으로 할 수 있는 일을 좀 찾아야 되겠다고 생각했다.

이후 내 활동을 돌아보면서 가정에 충실하지 못했다는 걸 깨달았다. 생활비도 안 갖다주고 애들도 둘이나 되는데, 집안일에 좀 신경을 써야만 했다. 내가 어린이집에 관여하면서 여기저기서 돈을 빌려 건물을 짓고 했는데 97년 IMF가 오면서 이자가 크게 올라 많은 어려움이 많았다.

VI. 국민 운동과 통일 운동

IMF와 실업극복국민운동본부 그리고 마을 운동

IMF 때 청천동에 어린이집을 짓는데 공사비가 오르고 자금 융통이 안 되니 제대로 짓지도 못했다. 여기서 헤어나지 못하면서 다른 활동도 거의 접고 어린이집에 몇 년 동안 매진했던 시기였다. 그러다가 양재덕 선배가 실업극복운동본부를 같이하자고 불렀다.

당시 실업자 구제 대책으로 공공근로 사업이 우후죽순으로 만들어졌다. 무의미한 공공근로가 만들어지고 이에 보다 생산적이며 장기적인 대책을 마련할 필요성이 있었다. 1998년 9월, 인천 지역의 시민단체 약 60곳이 모여 비영리단체인 실업극복국민운동인천본부를 설립했다. 양재덕 선배가 오랫동안 본부장을 맡아 활동했다.

실업극복국민운동인천본부는 설립 초기인 1998년 말, 1만 가구 이상의 실직 가정을 지원하는 '1만 세대 실직 가정 겨울나기 및 결연사업' 등을 시행하며 연말 연탄 및 쌀 나눔을 펼쳤다. 이러한 공로로 1999년 대통령 표창을 수상, 단체의 사회적 기여가 공식적으로 인정되기도 했다. 또 생산자협동조합을 만들어 자립할 수 있는 토대를 만들자 하면서 만든 게 농장 사업과 음식물쓰레기 재활용·처리 사업을 펼치기도 했다.

이후 인천종합일자리지원센터 설립에도 주축으로 참여하게 된다. 센터는 무료 진료·간병사업·방문 보육·급식센터 등 다양한 취약계층 대응 프로그램을 전개했다. 또한 건설 일용근로자 대상 새벽 인력시장 운영, 직업 상담 및 재교육 시스템 구축, 통합 일자리 플랫폼 운영 등 구체적인 취업 지원 전략도 도입해 많은 성과를 냈다. 실업극복본부는 IMF 이후, 지역 사회가 중심이 된 민관 협력 기반 실업 대응 모델의 선두였다고 볼 수 있다.

특히 기억나는 일은 원적산 아래에 닭과 오리를 길러서 음식물을 먹도록 했는데 이게 평상시에는 냄새나 바닥의 분변과 오물을 처리하기 괜찮았다. 하지만 장마 시기와 겨울에 눈이 많이 오면 2.5톤 트럭으로 싣고 온 음식물쓰레기 통을 진흙탕과 빙판길을 밀고 올라가야 했다. 밀려오는 음식물쓰레기 양은 대책이 없을 정도로 많았다. 양재덕 의장과 상의해서 대량 농장을 만들기로 했다. 집을 담보로 자금을 빌려서 검단, 김포 농장에 닭과 오리, 기러기와 돼지까지 길러 음식물 처리가 가능하도록 하였다. 중간에 음식물쓰레기를 발효해서 지렁이를 기르고자 했던 박남수 선배와 부평구 양묘장을 활용하기도 했다.

계양산 뒷자락 언덕에 음식물 건조장을 만들어 운영하기도 했다. 인상 깊은 친구는 이수민이다. 한여름에는 벌레와 냄새로 고생이 이만저만 아니었고, 겨울에는 언덕을 음식물 120L 통을 올려야 하고, 꽁꽁 언 비닐봉지를 해체해야 했다. 손은 얼고, 차는 잔고장을 일으켜 함께하는 작업자들에게는 이만저만한 고통이 아니었다. 그 와중에 이수민 친구는 그 일을 묵묵히 해내 주었다. 냄새로 인한 민원과 음식물에서 나오는 오수 처리는 골칫거리였다. 수시로 관계 기관의 공무원과 민원인이 항의했다. 결국 공장형 음식물 처리장으로 보내기로 했다.

그동안 음식물 수거를 위한 운송업은 진도노조의 위원장이었던 이현우와 나 그리고 몇 분의 기사님을 운영하며 인천의 지자체와 관계를 맺고 상가 음식물을 처리했다. 차차 자리가 잡혀 나가던 음식물 처리 사업은 기업화되고, 규모화되어 환경기준이 강화되면서 수도권 변방으로 공장형 기업 취업형식으로 분리해 나갔다.

실업극복사업은 부평과 남동구, 계양구와 서구를 비롯해서 전체 지자체로 확대되고, 본부는 남구에 있는 인천대학교에 자리를 마련했다. 나는 부평실업센터를 만들어 부평보건소 옆에 둥지를 틀었다. 초기 사업은 "작은 정성이 쌓여 실직자의 가슴에 사랑을" 표어로 인천 지역 실업자의 겨울나기를 돕기 위한 '쌀 모으기 운동'이었다.

실업극복국민운동 인천본부를 중심으로 인천시청과 언론사를 비롯한 종교계까지 40여 개 단체가 참여하여 시민사회 전반의 호응을 얻었다. 지역 실업자 10만 명 가운데 10%인 1만 명을 극빈 실직 가정으로 파악하고 시작하여 쌀 10Kg 10,000포가 넘는 성과를 이루었다.

이후 자활사업으로 실업극복국민운동본부 부평센터 이름으로 자활사업에 참여하게 된다. 부평구에는 2개의 자활센터가 있었는데 여노회가 맡았던 데가 부평 자활센터고 내가 부평남부지역자활센터를 맡아 센터장을 했는데 나는 무급으로 비상근 센터장으로 일했다.

집사람하고 약속한 게 있어서 어린이집 운전기사를 해야 했다. 회의는 진행하지만 이종환 실장과 김현숙 총무를 중심으로 실무자들이 알아서 하는 체계였다. 나는 음식물 찌꺼기 사업을 하고 안용국 선배가 컴퓨터 재활사업을 하였다. 그때 박남수 선배가 부평구의원으로 시설관리공단이 관리하는 부개동 지하 시설을 이용하도록 했다. 그렇게 실업사업은 내가 하고, 자활사업 전체는 후배들이 맡아서 했다. 그러다가 2004년 인천시청이 위탁받은 인천광역자활사업을 맡게 되

2007년 광역자활

어 인천광역시광역자활센터 사무장을 2년 정도 하고 다시 부평실업센터와 부평남부지역자활센터로 돌아갔다.

마을에 돌아와서 보니 마을 사업하던 시기가 내가 자활사업 한 시기인데, 사실은 지금 보면 내용적으로는 우리 집사람이 책임자였고 그다음에 이충현과 이용우가 총무 역할을 맡아서 했지, 내가 회의에 들어가는 직책을 맡거나 그러지는 않았기 때문에 내가 마을 사업을 했다고 할 수 없다.

묏골공원을 중심으로 한 동네일은 나는 그냥 한 발 좀 물러서 어떤 직책을 맡지는 않았다. 이성수 씨와 같이했던 마을 만들기는 최근의 일이니까 거기에서는 내가 이사장으로 적을 두고 했다. 이성수와 어쨌든 내가 맑은내주민모임 이사장으로 지금까지도 있으니까 그렇게 해야지 맞을 것 같다.

회원 활동이지만 마을 활동은 '동네야 놀자' 활동이다. 정식 명칭이 '여럿이 함께하는 동네야 놀자'는 비영리민간단체로 등록이 되어 있고,

주민단체이기 때문에 부평구청을 통해 공동체 사업으로 위탁받을 수 있었다. 홍미영 구청장 시절에 도시재생 사업을 통해서 뫼골문화회관이라는 공간을 확보하게 되어 자리를 잡았다. 다음에 공간을 활용해서 교육 사업과 공동체 사업을 비롯해 대보름 윷놀이나 단오 축제(동네야놀자 축제), 복날 삼계탕 나눔 행사, 콩국수 나눔 행사 등 주민들 참여가 높았다. 이후 부평구와 함께 뫼골문화회관 위탁계약을 맺고 사업을 진행하고 있다. 얼마 전에도 뫼골공원에서 주민들 콩국수 나눔 행사를 했는데 노인네들이 잊어버리지 않으시고 다 오셨다.

뫼골어린이공원 안에 뫼골문화회관 카페는 지금도 어렵지만 동네야놀자의 후원과 지원으로 계속 운영하고 있다. 초복이 되면 콩국수 100그릇을 1시간에 후딱 할 정도로 기반이 잘 돼 있는 '동네야 놀자' 팀들은 그 동네에서 지금도 계속 반찬 나누기와 원적산 청소 등 20여 명이 자원봉사로 참여하고 있다. 그 사람들하고 같이 일하고 있으면 나도 좋은 기운을 받는 것 같다. 이렇게 굉장히 열심히 하는 동네 아줌마들이 있어 '동네야 놀자'는 완전히 자리 잡은 전국적으로 아주 유명한 주민단체가 되었다. 이충현하고 이용우가 전국 강사로도 뛰고 있고 그러니까 상당히 성공한 주민공동체로 동네의 명물이 되었다.

지금의 마을 활동은 노동운동보다 좀 더 생활 밀착형 사업이다. 한동네에서 거주하고 있다고 하는 거는 상당히 놀라운 일이다. 그래서 모임을 더 자주 하게 되고 당연히 그러다 보면 음주 모임 그다음에 뭐 족구 모임, 당구 모임, 정서적으로 친해지는 모임이 되었다. 그런 곳에서 인간적으로 가까워지고, 공동체로 만들어지는 것을 보게 됐다. 집사람이 뫼골문화회관 이사장으로 있고, 나는 이제 한 발 벗어나 그냥 행사 때 가서 얼굴 비치는 정도이다. 실제로 활동 내용에서는 이제 거의 직접 참여하지 않고, 열심히 참여하는 동네 사람들 보면 인사나 하고 있다.

그런 단위를 부평구에 몇 군데 더 만들려고 했다. 청천동에서도 이성수가 그걸 해보려고 하다가 부평구사회적경제마을센터장인 전문직 공무원이 되기도 했다. 이상돈이랑 와서 맑은내마을 목공소도 만들었다. 그런 모임이 활성화되니 다른 마을에서도 '동네야 놀자'를 모범 삼아서 견학도 많이 온다.

특히 지방 권력의 뒷받침이나 이런 것들이 알게 모르게 마을회관 공간의 위탁 전쟁이 치열했다. 그래서 집사람이 구의회에 불려 가고 내가 옆에서 지켜주고 그랬는데 지금은 완전히 그런 게 해소돼서 마을의 국민단체들과 집사람이 엄청 친하게 지내게 됐었다. 그러더니 주민

서해협력 포럼

단체의 후배(이성수와 이상돈)들이 주민자치위원회 위원장도 하고 지금은 집사람이 청천1동 주민자치회장을 하고 있다. 처음에는 시큰둥하더니 지금은 마을 이야기와 주민자치회 활동으로 엄청 바쁘다. 마을이 변하는 것보다 집사람이 변하는 게 더 심할 정도이다.

서해협력 포럼

나는 그동안 남북 문제나 통일 문제에 지속적으로 관심을 가져왔다. 또 마지막까지 할 수 있는 게 그거지 않겠냐는 생각도 들었다.
2012년 6월 7일~10일 한·중 수교 20주년 기념으로 열린 '인천-만명-한겨레 서해협력 포럼'에 다녀왔다. 이 포럼의 주제는 "남·북·중 경제 협력과 동북아 평화"였다. 이때 포럼에 참관하고 쓴 글을 여기에 소개하고자 한다. 조금 길지만 의미 있는 글이라 생각한다.

서해협력 포럼 참관기

사이에 압록강 하류 지역인 중국 만명시에 다녀왔다. 한중 수교 20주년 기념으로 열린 '인천-단둥-한겨레 서해협력 포럼'에 참석하기 위한 여정이었다. 이 포럼의 주제는 "남·북·중 경제 협력과 동북아 평화"였다. 중국 측에서는 '中-朝-韓'의 순서로 표현하는 데 익숙한 것 같았다. 이는 중국의 한반도에 대한 기본 인식이 어떠한지를 보여주는 하나의 상징처럼 느껴졌다.

작년에는 송도에서 개최되었던 서해협력 포럼이 단둥시에서 열린 것은 단둥시가 북·중 경제특구인 황금평 그리고 남·북·중 경제협력의 새로운 형태인 '아리축구화 공장'이 위치해 있고 북한 측 인사가 포럼에 참여하기 쉬운 여건이라는 게 감안된 것으로 알려졌다. 그러나 민족화해협의회(민화협) 리창덕 부회장이 단둥시에 오기는 했으나 포럼에는 참석하지 않았다. 그는 포럼의 남한 쪽 대표단과의 간담회에서 "남북 사이에 화해 무드가 조성되지 않은 상황에서 포럼에 참석하기는 힘들다"는 입장을 전달했다고 한다. 이에 송영길 인천시장은 내년 개최되는 전국체전과 2014년의 아시아경기에 북한 측이 참여해 줄 것을 제안하였다고 한다.

6월 7일 오후 단둥시에 도착하여 본 압록강에 대한 첫인상은 매우 강렬하였다. 100개가 넘는 섬이 포진하고 있을 정도로 하구는 광활하였다. 잘 알려진 위화도나 황금평과 같은 섬 외에도 여의도만한 섬들이 여러 개 보였고 공사 중인 신압록교의 길이는 3km에 육박했다. 100m에 이르는 수심은 짙은 빛으로 인해 더욱 깊어 보였고, 여기저기 정박해 있는 중국과 북한 국적의 화물선들도 제법 덩치가 컸다. 인천항과 정기 노선이 개설된 단둥항도 바로 이 압록강에 자리 잡고 있었다. 그 정도로 압록강 하류는 깊고 배후 지대도 넓었다.

또한 황해의 밀물 썰물에 따라 강은 다양한 모습을 연출하였다. 썰물일 때는 바닥이 일부 드러나 보이기도 하고 밀물일 때는 자연스럽게 조성된 섬들이 곧 잠길 것처럼 엄청난 수량을 선보이기도 했다. 백두산에서 시작하여 800km 흘러온 강물은 수천 년 우리 민족의 역사와 함께하며 도도히 흐르고 있었다.

압록강변에 있는 숙소에서 보니 북쪽으로는 압록강 철교가 눈에 들어오고 강 건너에는 신의주가 아늑하게 떠 있고 서쪽으로는 큰 섬—나중에 보니 북한령인 유초도였음—의 뒤편에는 한창 공사 중인 신압록교가 가물가물 보인다. 익히 알고 있던 위화도나 황금평은 어디쯤 있을지 머리에 지도를 그리다 보니 오후에 열린 제1세션의 발표와 토론 시간은 너무 빨리 지나가 버렸다.

발제와 토론에 앞서 김민배 인천발전연구원장의 기조연설이 있었다. 김 원장은 한중 수교 20년의 경제적 성과를 논하며, 그 결정체인 양국 간의 전략적 협력 동반자 관계는 근래의 서해에서의 남북 충돌과 중국의 북한 지지 태도로 인해 수정이 필요하다는 점을 부각시켰다.

중국과 북한 그리고 대한민국을 둘러싼 역사적 흐름에 대한 이해와 각 국가 차이의 인정 그리고 남북한과 중국의 공통 이해를 지향함으로써 서로의 이익을 극대화하자는 구동존이(求同存異)가 요구되고 있다고 발언하였다. 이어서 "남북한과 중국은 서해의 평화와 발전에 장애가 되는 불안정 요소를 제거하기 위한 국제 규범의 구축과 준수에 최선을 다해야 한다. 이번 포럼이 이를 위한 하나의 디딤돌이자 새로운 출발이 되기를 기원한다"며 주최 측을 대표하여 인사말을 하였다. 이런 발언은 한중 수교 20년의 역사를 한 단계 발전시켜 경제 협력과 평화 보장의 단계까지 끌어올리자는 취지로 이해되었다.

이번 포럼은 3세션으로 구성되었는데 1세션은 서해를 둘러싼 제 세력들의 협력에 대한 입장과 상황이 주로 논의되었다. 이찬우 일본 제경대학 전임강사는 "동아시아 세력 재편의 핵인 중국과 미국은 한반도에서 비핵화와 안정 유지 그리고 6자회담을 통한 공동

대응이 그간의 합의한 공동 정책이었으나, 미국은 중국이 북한의 비핵화를 달성하는 데 실질적인 협력을 얻을 가능성에 대해 확신을 잃어가고 있으며, 중국은 미국이 북한과의 관계 정상화를 실제로 할 것인지에 대해 확신을 잃어가고 있는 형국이다"라고 주장하며, "동아시아의 복잡한 정세 속에서 평화 구축을 위해서는 남북의 상호 안전보장을 전제로 북한이 대외관계를 개선하고 경제를 정상화시키는 일이 한반도의 평화와 번영에 전제가 된다"라고 밝혔다. 이어서 "북한의 경제 수준을 끌어올리기 위해서는 국가 주도형 압축 성장 모델을 추구할 수밖에 없으며 경제특구 형성과 외자 유치가 견인차 역할을 할 것"으로 내다보았다. 이런 주장은 이번 포럼의 이론적 기반을 제공하는 데 기여하고 있었다.

한편 두 번째 발표자인 환일본해경제연구소 주영호 연구주임은 10여 년간 발전해 온 한중일 3국의 경제 협력은 동북아 지역을 세계에서 경제활동이 가장 활발한 지역 중의 하나로 격상시켰으며, 올 5월에는 '한중일 투자 보장 협정'을 체결하는 성과를 이루며 한중일 3국 자유무역협정(FTA) 협상을 가동하기로 결정하는 단계로 진입했다고 밝혔다. 따라서 동북아 지역의 물류 허브 지위는 더욱 부각될 예정인데 "북한을 비롯한 러시아, 몽골과의 협력은 불완전하다는 사실에 주의해야 한다"고 주장하였다. 특히 원활하지 못한 물류가 가장 심각한 문제라고 지적하며 물류 협력을 돌파구로 하여 한국, 일본, 중국, 러시아, 북한, 몽골 등 6개국의 동북아 지역 협력 공동 참여라는 새로운 장을 열어야 한다고 강조했다.

3번째 발표자인 인천발전연구원의 김번욱 위원은 "인천시의 환황해권 연계 협력 방안"이라는 발제문을 통해 "한중일 3국의 국내

총생산이 유로존을 뛰어넘어 미국을 뒤쫓고 있는 상황에서 동북아 지역의 비즈니스, 물류 거점 경쟁은 가속화될 것"으로 내다보았다. 인천시는 국제공항과 대북 항만 무역의 70% 이상을 점유하고 있는 항구를 확보하고 있는 물류 거점임을 자임하면서 인천-강화-개성-해주 국제 산업 벨트 구축과 강화교동평화산업단지 조성을 추진할 것을 제안했다.

이에 대해 토론자로 나선 동북아역사재단의 홍면기 위원은 "황금평, 위화도 개발 등 단동 일원을 중심으로 한북중 간의 협력 문제는 단순한 '기술'의 문제가 결코 아니라는 점, 한반도의 평화와 새로운 동아시아라는 '전략'의 문제이며, 북한의 경제 개발, 소위 탈북자 등 인구 유동의 문제, 나아가 동아시아 협력과 공동체 수립 문제 등 수많은 현안을 풀어가는 단서를 찾아나가야 할 것"이라고 주장하였다.

이어서 랴오닝대학교의 첸번창 부교수는 "한국과 일본의 농업 보호 문제, 미국의 외교적 혼란 가중 등 자유무역지대 건설의 문제점들을 적극적인 노력으로 극복해 나갈 때 한중일 자유무역지대 구축은 전도유망하고 환황해경제권의 경제 협력은 더 커다란 발전 능력을 갖추게 될 것이다"라며 남북중 경제 협력의 단서를 한중일 자유무역지대에서 찾을 것을 주문하는 것 같았다.

1세션의 마지막 토론자는 중국사회과학원의 김국래 연구자였다. 그는 이명박 정부의 '비핵, 개방, 3000', '그랜드 바겐'이라는 선북한변화론과 선북핵포기론이라는 대북정책이 남북을 비롯한 동북아시아 지역에 긴장을 조성하고 있으며 이는 내년에 들어설 한국 정부가 어떠한 대북정책을 실시하여야 하는지를 알려주고 있다고 논증하였다. 또한 민족 경제 공동체를 기반으로 동북아 경제 공동체로 나아가야 한다며 남과 북의 유리한 지정학적 위치와 인적, 문화적 장점이 이를 가능케 하는 기반이 될 것으로 내다보았다.

포럼에 이어서 스광 단둥시장이 베푼 오찬이 진행되었다. 주요 인사들의 남북한과 중국의 경제 협력을 위한 건배가 이어지고 테이블 별로 좌담들이 이어졌다. 위 토론자인 홍면기 위원이 거론한 소위 탈북자 문제, 북한과 중국의 인구 유동의 문제에 대한 토론이 있었다. 옆 좌석에는 단둥시에서 사업을 하는 모 인사가 자리하였는데 "단둥시에는 1만 명 이상의 북한 주민들이 있고 남한 출신의 사업가와 선교사들이 코리아타운을 형성하고 있다"고 귀띔을 해주었다. 공식적인 통계보다 훨씬 많은 남북의 사람들이 식당과 수출입업체 보따리상 등을 운영하고 있다고 했다(공식 통계로는 북한 측의 기업체는 120여 개라고 하며 남한은 SK 그룹이 압록강변에 20층의 건물을 운영하는 등 투자에 적극 나서고 있음).

남북과 중국 사이에 뜨거운 감자인 탈북자 문제에 대해 현지의 반응은 좀 더 현실적이었다. 그동안 중국은 생필품이나 식량을 구하기 위해 국경을 넘어오는 북한 주민들에 대해 심한 단속을 하지 않았었다. 근래에는 취업이나 사업을 위한 교류가 많아지면서 북한과 중국 사이에 이에 대한 규범이 만들어져야 하는 필요성이 제기되면서 탈북자 혹은 월경자들이 북한으로 추방되는 일이 많아진 것이 아닌가 추측해 본다. 어느 나라에서나 불법 취업이나 이민자들은 발각되면 자기 나라로 추방되는 것은 상식인 것으로 되어 있다. 다만 정치적 박해를 피해 망명처를 찾는 경우라면 인도적 차원에서 판단하는 게 맞을 것이다. 그런 점에서 모 인사는 정치성을 띤 기획 탈북은 남한과 북한 그리고 중국의 외교 관계를 곤란하게 만들며 음성적으로 진행되고 있는 압록강에서 거래되는 밀무역이나 아직도 생활상의 필요에 의해 미신고 월경들이 심한 단속으로 인해 피해를 보게 되는 측면도 있다는 것을 이해하는 계기가 되었으면 좋겠다고 전했다.

6월 8일 같은 장소에서 제2세션이 개최되었다. 북한대학원대학교 최완규 총장의 재치 있고 정곡을 찌르는 진행이 돋보인 토론이었다. 남북 관계에 있어서는 정치인이나 전문가들 보다 시인이 훨씬 가슴을 울리는 말을 한다는 취지로 문병란 시인의 〈직녀에게〉라는 시로 마무리한 것은 백미였다.

첫 번째 발표자는 미무라 미쯔히로 환일본해경제연구소 조사연구부장이었다. 그는 북한의 대외경제정책과 북중 경제 관계에 대해 발제하였다. 그에 따르면 북한은 2010년부터 외자 유치에 의한 경제 건설을 시도하기 위해 "조선대풍국제투자그룹의 활동을 보장할 데 대하여"라는 북한의 국방위원장 명령이 내려졌다는 것이다. 이와 함께 제기된 북한의 구상들은 위 대풍그룹을 "대외경제 협력 기관으로서 국가개발은행에 대한 투자유치 및 자금 원천을 보장하는 경제 연합체"라고 규정하였다는 것이다. 이어서 박철수 대풍그룹 총재는 국가개발은행에 대한 1차적인 등록자본은 100억 달러라고 밝혔다. 또한 2011년 6월에는 황금평과 나선에서 경제지대 공동개발 공동관리를 위한 착공식이 진행되었다고 한다. 그는 북한이 중국과 경제 교류를 진행하는 것 자체가 낮은 단계라도 시장경제 원리로 접근하는 법을 익혀 세계 시장 진출에 대한 준비를 하는 좋은 기회가 될 것이라고 판단한다.

두 번째 발표자는 랴오닝 사회과학원 세계경제연구소의 위잉즈 연구실 주임이었다. 그녀는 앞선 발표자가 밝힌 황금평과 나선 경제지대에 대해 깊숙한 내용들을 전달했다. 그녀에 따르면 위 프로젝트는 이른바 '일교양도(一橋兩島) 공동협력 프로젝트'라고 불리며 북 중 경제 협력 발전의 방향도 주목받고 있다고 했다. 양측은 '정부가 주도하고, 기업을 위주로 하며, 시장이 운영하고, 상호 윈윈하는' 개발 원칙을 제시하였고, 최근 발표한 '황금평, 위화도 경제특구법'에 의하면 황금평에는 IT산업. 경공업. 농업. 상업 및 관광업 등 4대 산업을 중점적으로 발전시키겠다는 내용이 포함되었다고 한다. 한편 국제 사회의 북한에 대한 전방위적 제제 그리고 양측의 사고방식, 법률 의식, 서비스 이념 등 넘어야 할 산이 많음도 내비치었다.

다음 날 찾은 황금평은 섬이라기보다는 중국 측에 거의 맞닿은 육지나 다름없어 보였다.

커다란 간판이 걸려 있지 않았다면 여기가 경제 협력 지대인지 판단하기 어려울 정도로 단지 공사 진척은 더딘 것으로 판단되었다. 다만 신압록강교의 공사 현장이 가깝게 있고 2014년에는 다리 공사가 완공되면 황금평 공업 단지 조성은 훨씬 탄력을 받을 것이라고 한다.

통일연구원의 전병곤 연구위원은 제2세션의 세 번째 발표자였다. 그는 중국은 황금평 등 북한의 개혁 개방의 과정에 한반도 정세 안정과 한국 자본의 참여를 희망하기 때문에 남북한과 중국의 3자 협력의 공간은 존재할 것이라고 했다. 단지 북핵 위기를 포함한 북한 변수와 동북아 역사 해석 문제, 영토·영해·주권 문제, 발전 수준과 체제의 상이성과 그로 인한 경제법제의 차이 등의 부정적 측면을 어떻게 지혜롭게 극복할 것인지가 관건이 될 것으로 전망했다.

또한 그는 남북한과 중국의 경제 협력에 있어 한반도의 긴장 완화와 평화로운 환경 조성이라는 목표를 설정하고 북한이 원하는 추진 방향과 한국의 기대 방향, 중국의 권고 방향이 서로 다르기 때문에 이 3개 방향의 공통 분모를 찾고 이를 점차 확대할 수 있는 방안이 필요하다고 주장했다. 단둥, 신의주 지역에서의 3자 연대 방안으로는 북한의 민생 재구과 일자리 창출의 견지에서 경공업 분야 노동집약형 산업에 투자하되 북한의 전력과 인프라 등을 고려해 접경지에 설립하고 북한 근로자를 고용해 한국과 중국이 자본과 기술을 공동 투자하고 운영할 수도 있을 것이라고 제안했다.

전술한 아리축구화 공장이 이 방안의 모델이 될 수 있을 것인데 제3세션의 고경빈 남북교류협력지원협회 회장은 현 단계에서 이런 남북 우회 교역도 금지된 상황이라고 주장했다. 인천시가 각고의 노력 끝에 창업한 위 사업이 남북의 이해 차이와 정치 상황이라는 변수에 의해 좌초될지도 모른다는 걱정이 들었다.

이어서 랴오닝사회과학원의 진저 한반도연구센터 비서장도 "중북 투자 협력은 대체로 생각이 많고 행동이 적으며, 협상이 많고 결과가 적으며, 소규모가 많고 대규모가 적으며, 실패가 많고 성공이 적다. 그 일례로 중국의 대북 투자기업이 70%가 실패하였다는 보도가 나왔다"며 중국의 신문 기사를 인용해 북한과의 경제에서의 어려움을 위와 같이 표현했다.

또한 그는 중북 투자 협력에서의 과제로 첫째 중국 기업들은 공동 발전 공동 수혜하여 공동 성공하는 이념을 세울 것, 둘째 북한은 실무자들의 이념과 태도를 성의 있고 적극적으로 바꿀 것을 제안하였다. 실패의 원인은 정책의 문제보다 파트너 실무자들의 자세에 있다고 목소리를 높였다.

다음 토론자로 나선 인천발전연구원의 김수한 연구위원은 한국과 북한의 경제 협력이 중앙 정부 차원의 접근이 어렵다면 기업 사회단체 지방자치단체를 주체로 연계하여 공동개발 비전 수립을 위한 우호적 여건을 만들어 가야 한다고 제안했다. 이 주장도 위 아리 축구화공장을 염두에 두고 한 것으로 보여졌다.

제3세션은 "남·북·중 경제 협력의 실태와 전망"이라는 주제로 진행되었다. 랴오둥대학 만하이펑 주임교수는 단둥시를 통한 중국 북한의 무역에서 여러 변화가 나타나고 있는데 첫째 북한의 대중국 수출품에서 1위는 의류와 관련 물품이고 2위는 귀금속 및 그 제품 3위는 전기 기계 관련 제품이고 4위가 우리 익히 알고 있는 무연탄이다. 북한 측의 임가공 산업의 가동률이 증가하고 있으며 이는 북한의 수입품에서도 기계설비가 1위를 차지하는 것과 상호 연관성이 있다는 게 그의 주장이다. 게다가 북한의 수입품 중에는 최근에 가구류가 늘어나는 추세인데 이것도 북한 주민들의 생활 수준이 나아지고 있는 증표라는 것이다.

관심을 끄는 그의 또 다른 주장은 북중 교역에서 물물교환 방식이 아직도 유효하지만 중국 위안화의 유통량이 늘어나고 있다는 사실이다. 북한의 광선은행이 중국 건설은행 단둥 지점에서 계좌를 개설하여 위안화를 유통하는 데 일조하고 있다는 사실도 밝혀졌다.

기업은행 경제연구소의 조봉현 위원은 개성공단과 황금평의 연계 방안을 제안하였다. 우선 중국에서 인건비 인상 등의 이유로 유턴하는 한국의 중소기업들에 황금평의 입주를 유도하고 한국 정부가 이의 실현을 위해 적극 나서야 할 것을 주문했다. 중국과 북한의 인건비는 대략 계산해도 3배 차이는 나기 때문에 상당한 현실성이 있을 것으로 보였다. 또한 수도권과 개성, 신의주, 황금평, 단둥을 철도망과 도로망으로 연계하는 등 동북아경제 부흥 산업 벨트를 구축하자고 제안하였다.

토론에 나선 남북교류협력지원협회 고경빈 회장은 북한의 황금평 경제특구가 북한 경제 내부에 전후방 연관관계가 없어 북한 경제의 구조개선이나 지역경제의 장기적 확대 발전에는 한계가 있다고 주장하였다. 그는 남·북·중의 경제 협력은 평화를 만들기 위해 협력하자는 방식―평화를 위한 선투자―으로 진행되어야 함을 강조하였다. 이는 중국 측의 전문가들도 누누이 강조한 부문이기도 하고 북한과의 경제 협력은 리스크가 큰 만큼 경제 논리만으로 뛰어들 것은 아니라는 결론을 내릴 수 있었다.

이어서 연변대학교 윤승현 교수는 한중 FTA를 활용하여 인천시와 단둥시가 황금평과 같은 지역을 경협 시범 지구로 선정하여 상호 무관세 진입을 추진하는 방안을 제안하기도 했다. 이번 포럼에서 중국 학자와 일본 학자들의 한·중·일 FTA 체결에 대한 기대가 높은 것이 드러났다.

마지막 토론자인 장둥밍 랴오닝대 부원장은 북한의 경제 발전 전략을 소개하면서 경제 회복 프로젝트와 관련된 관료와 전문가를 해외에 연수를 보내고 북한국제보험공사를 설립하였으며 중국과 러시아와의 경제 통상 협력이 양적으로 확대되고 있다고 긍정적인 평가를 해주었다. 특히 그는 물류 네트워크 협력을 기초로 하는 동

> 북아 경제 협력을 추진하기를 제안하고 있다. 이를 통해 최종적으로 동북아경제 공동체 건설을 위한 튼튼한 기초를 마련할 수 있을 것으로 전망했다.
>
> 이틀 동안의 서해협력 포럼에 참여한 소감을 정리하면 남한과 중국은 북한에 대해 민족적 동질성과 역사적 형제 국가로서 연대성을 이념으로 한 북한과의 경제 협력 사업을 넓혀 나가고 북한은 개혁 개방에 대한 의지와 법제화 인재 양성을 서두르면서 중장기적인 계획을 세워 나가면 동북아 경제 협력 평화 나아가서 동북아 공동체를 이룩해 나갈 수 있으리라는 희망을 얻은 것이었다. 이 과정에서 핵실험 등 북한 변수와 미국, 일본의 개입, 남한의 신정부의 성격 등이 난제로 등장할 것으로 예견된다.
>
> 돌아오는 길에 바라본 압록강은 여전히 짙푸른 색이다. 단둥시에서의 3박4일 진행된 서해포럼은 남·북·중의 경제 협력과 동북아 평화를 이룩하는 데 이념적 이론적 실천적 고민을 한 단계 끌어올린 뜻깊은 자리였다.

나의 소원 평화통일

2017년 북한대학원대학교를 갔다. 57년생이니, 환갑에 뭔가 의미 있는 일을 하고 싶었고, 대학원에 갔으면 좋겠다는 생각이 들었다. 박근혜 탄핵 집회를 하느라 서울로 오가며 고양되었던 시절이었다.

북한대학원대학교는 경남대학교에서 만들어 2005년 개교한 대학으로 체계적인 북한·통일연구와 교육을 하고 남북 교류·협력 및 통일에 대비할 전문 인력을 양성한다는 목표를 가지고 있었다. 민족 번영과 국가 발전 그리고 한반도의 평화와 통일에 기여한다는 거창한 목적이 있었고, 당시 개성공단에 들어간 기업체 관련 사람들이나 관련 공무원들이 주로 강의를 들었다.

그 당시 "경색 국면을 풀 남북 NGO의 역할"이라는 주제로 소논문을 썼는데 여기에 싣는다.

> 현재 한반도는 세계의 주목을 받고 있다. 통일은 대박이라고 했던 박근혜 대통령은 탄핵되었고 통일의 한 축이라고 했던 북한은 탄도미사일 시험에 나섰으며 남한과 미국은 사드 배치를 서두르고 있다. 남북을 둘러싼 미국, 중국, 일본, 러시아를 비롯한 국제적인 상황도 안개 정국이다. 그나마 기대되는 것은 조기 대선에서 '햇볕정책'을 이어갈 수 있는 정권의 탄생이다. 주요 정당의 대권 후보들이 개성공단, 금강산 관광의 재개를 공약으로 내세우고 있다. 가장 가까운 시점인 6월에는 '6.15남북공동선언17주년기념행사'를 남북 NGO들이 공동 주최하면서 남북 관계에 해빙의 분위기를 만들 수도 있을 것이다.
>
> ### 1. 민간 교류의 마당이었던 금강산 관광의 재개
>
> 1998년 시작된 금강산 관광은 현대상선, 현대건설, 금강개발 등 현대 그룹 계열사들이 주관하여 10년 동안 100만 명 이상의 남한 관광객들이 참여했다. 또한 개방된 금강산에서는 수만 명의 남북 인사들이 참여하는 행사가 개최되어 천하제일 금강산의 풍광도 즐기고 민족 동질감을 만끽하기도 했다. 김대중 대통령의 '햇볕정책'으로 촉발되고 금강산을 매개

로 한 남북 민간 교류와 금강산 관광은 남한에서도 통일에 대한 기대를 높이는 일대 사건들의 연속이었다.

2000년 12월의 '남북 노동자 통일토론회', 2001년 6월의 '민족통일대토론회', 2002년 6월의 '6.15남북공동선언 2돌 기념 통일대축전', 2002년 10월의 '남북청년학생통일대회'와 '남북여성통일대회'가 금강산에서 개최되었다. 이 행사들은 공통적으로 남북이 수백 명씩 참가하였으며 다양한 프로그램들을 통해 민족 동질감을 증대시킨 성과를 낳았다.

2002년 2월 「문화일보」의 통일 관련 국민 여론 조사에 따르면, "부분적으로 수정하며 대북포용정책을 추진해야 한다"는 여론이 47%였는데 이후 증가추세가 이어져 금강산 관광 중단 1년 전인 2007년 6월 「조선일보」 통일 관련 여론 조사에서 위 "부분적으로 수정하며 대북포용정책을 추진해야 한다"는 여론이 69%까지 증가한 것으로 나타났다. 이는 금강산을 무대로 한 관광과 행사 참가, 즉 민간 교류의 효과라고 해도 과언이 아닐 것이다.

필자도 이 시기에 금강산 단체 관광을 경험하였는데, 일행들 대부분이 북한과의 통일에 대해 긍정적으로 판단하였고 북한에 대한 적개심이나 부정적인 인식들이 완화되었음을 토로하기도 했다. 금강산 관광의 재개는 남북 간의 긴장을 완화시키고 민간 교류를 통하여 민족의 동질감을 회복시킴으로써, 작금의 북의 탄도미사일 연습과 남의 사드 배치로 인해 조성된 전쟁 위기감을 해소시키는 데 기여할 것으로 예상된다.

2. 남북 경제 교류의 장이었던 개성공단의 재가동

2004년 본격적으로 가동이 시작된 개성공단은 평균 5만여 명의 북한

근로자들이 참여하였고 남한의 참가 기업은 120여 개였다. 김대중 대통령의 정치적 신념과 현대그룹 정주영 회장의 한국적 기업가 정신 그리고 남북 협력을 통해 체제 위기를 극복하겠다는 북한 김정일 위원장의 결단이 절묘하게 결합함으로써 개성공단은 구체화될 수 있었다.

개성공단은 남북 정치권의 산물이기도 하지만 실제 운영 과정에서는 제조업, 금융, 전력, 의료, 호텔, 편의점과 같은 민간 경제 교류가 주를 이루었다. 일종의 '통일의 연습'을 거치며 소중한 경험들을 쌓아나갔다. 많이 알려지지 않은 남북협력병원 10년의 역사는 민족의 '보건 분야의 작은 통일'을 이루었다고 자평할 정도로 의미가 깊었다.

공단의 북한 주민들에게 미친 영향력도 매우 컸던 것으로 평가되고 있는데, 특히 북한 주민들의 99.3% 이상은 통일이 북한에 도움이 된다고 의식하고 있으며 개인에게도 이익이 된다는 응답이 95.5%나 되는 것으로 나타났다고 한다. 이는 북한 주민들이 경제적 상호 이익이라는 관점에서 통일을 바라보는 것으로 해석될 수 있고 개성공단은 남북한이 희망하는 가장 유력한 통일모델로 제시되고 있다는 사실이다.

'통일은 대박' 수준은 아니더라도 남북의 경제 교류는 상호 경제 수준을 향상시키는 데 기여할 것이다. 서로 다른 체제에서 수십 년 각각의 경제 공동체를 영위하여 왔기 때문에 장기적인 경제 교류를 통한 상호 닮아가기 연습은 통일의 과정에서 매우 절실한 문제이다. 개성공단의 12년의 경험이 소중하며 재가동되어야 하는 근거이기도 하다.

3. 6.15남북공동선언기념 공동 행사 추진

남북의 정상들이 최초로 만난 게 2000년 6.15일이다. 이때 정상 간의

> 합의 내용이 이른바 6.15남북공동선언이다. 이후 남한의 NGO들은 이를 기념하기 위해 '6.15통일대축전'을 개최하여 왔다. 특히 2005년 6자회담의 중단과 탈북자 대량 입국, 군사적 긴장 등이 겹치면서 남북 관계가 악화일로에 놓였을 때 '6.15남북공동선언5주년 기념행사'가 열렸고 이 행사에 당시 정동영 통일부 장관이 참석하여 김정일 국방위원장에게 공개 특사 면담을 제안하여 성사되었다. 이후 '제2의 6.15시대'로 진입하여 1년간 남북 관계가 원만하게 진행되기도 하였다.
>
> 민간 NGO의 행사가 경색된 남북 관계를 녹여 냈던 위 사례는 지금의 악화된 남북 상황에도 적용할 수 있을 것이다. 5월에는 신정부가 탄생한다. 우리 앞에는 해결해야 할 과제들이 산적하다. 그중 전쟁 분위기까지 치달은 남북 경색 국면을 해결하는 과제가 으뜸으로 중요할 것이다. 개성공단이나 금강산에서 6.15남북공동선언17주년기념행사가 남북 NGO들이 공동으로 개최하고 이를 통해 남북 정치권에도 접촉의 기회가 온다면 전쟁 분위기는 해소되고 '제3의 6.15시대'를 추진할 계기가 생기지 않을까 기대해 본다.

(사)평화철도와 러시아 횡단열차 기행

2016년이 지나면서 정국은 금세 통일이 될 것처럼 들떴다. 나도 통일에 대한 열망이 더욱 불타올랐고 무엇이라도 해야 될 것 같았다. 나뿐만 아니라 많은 사람들이 같은 생각을 했다.

2018년 3월 18일 권영길 이사장, 양재덕 전국실업극복단체연대 이사장, 최순영 17대 국회의원, 나핵집 KNCC 화해통일위원장, 박창

일 천주교 예수성심전교수도회 신부, 이장희 평화통일시민연대 대표, 김명환 민주노총 위원장, 김주영 한국노총 위원장, 노정선 YMCA 평화통일행동협의회 공동대표 등 대거 참여해 한반도 평화와 화해, 번영을 위해 100만 시민이 참여하는 '남북철도연결운동'을 시작하겠다는 포부와 함께 사단법인 '평화철도'를 출범시켰다. 특히 집행위원장을 맡은 정성희의 열정이 대단했다.

(사)평화철도는 "한 사람이 만 원씩, 열 명이 침목 하나씩, 100만 명의 힘으로 휴전선 구간에 평화 침목, 통일 침목을 깔아 보자"는 결의를 다졌고 남북 종단-대륙횡단 열차평화기행, 남북 교류 협력, 국제 민간 협력 등 다양한 사안을 펼칠 준비를 했다. 평화철도는 민간이 할 수 있는 일이면 먼저 길을 낼 것이고 정부와 함께할 일이라면 적극 협력할 것이며, 정부만이 할 수 있는 일이라면 당연 촉구해 나갈 생각이었다. 권영길이 위원장이었고 나는 집행위원으로 같이했다.

창립한 뒤, 직접 대륙 철도를 경험하기 위해 5월 '대륙 열차-바이칼 기행 선발대'를 모집했다. 4월에는 문재인 대통령과 김정은 국무위원장의 역사적인 만남이 이루어지기도 하였다. 이를 지지하며 지켜보던 중, 휴가철과 시기가 맞고 바이칼호를 가보지 않았기에 고민하다 신청했다.

특히 중국과 러시아를 건너는 국제 열차에 대한 호기심이 컸다. 비록 실비 중심이라지만 200만 원이 부담되었지만, 대륙 열차 기행을 놓치고 싶지 않았다. 떠나기 전 사전 교양으로, 6월 24일 이병한 교수를 초청하여 '남북 철도 연결과 유라시아 통합 전망'에 대한 강의를 들었다. "갈라진 남북, 철도로 이읍시다"라는 평화철도 캠페인에 부응하여,

사)평화열차 선발대 러시아 기행

휴전선 철길(경원선) 복원에 쓰일 침목 비용을 기증했다. 선발대 사전 모임은 7월 22일에 진행되었는데, 3명을 제외하고 모두 모였다. 일정에 따라 단둥, 하얼빈을 거쳐 이르쿠츠크에 이르는 대륙 철도와 바이칼호에 대한 정성희 소장의 설명을 들었다. 기대에 부푼 느낌과 미지에 대한 호기심이 뜨거웠다.

나는 대학원 공부를 하고 난 뒤 더러 강의도 하고, 시민연대 실무자들이 블라디보스토크에서 러시아 열차를 탈 때 가이드를 하기도 했다. 그러다 그다음 해에 양재덕 소장, 박인규, 이성수 등과 같이 대륙 열차-바이칼 기행 선발대에 올랐다.

아래의 글은 같이 여행을 하고 온 이성수 외에 여럿이 아주 길게 쓴 여행기를 이성수가 다시 정리한 것으로 그때의 감흥을 고스란히 느낄 수 있어 일부 소개한다.

러시아 평화열차 기행문
끊어진 철도를 이어 희망을 달리다

고난의 행군, 끊어진 길을 배로 돌아가다
7월 27일, 한국전쟁 정전협정 65주년에 맞춰 북한이 미군 유해를 송환했다는 소식을 들으며 나는 인천항으로 향했다. 남북 철도 연결이 더뎌지는 이유가 미국의 대북 제재 때문이지만, 이번 북미회담 합의 이행을 보며 희망을 보았다. 푹푹 찌는 찜통더위가 이어졌지만, '이제 남북이 하나로 대륙 철도로 이어지리라'는 희망이 무거운 발걸음을 재촉했다.

오후 3시, 15명의 동행이 모두 모여 "가즈아, 열차 타고 대륙으로"라는 문구가 새겨진 하얀 티셔츠로 갈아입었다. 3시 30분, 인천대교 밑을 지나 한 시간 반을 더 가자 해무가 끼어 일몰을 볼 수 없었다. 중국 보따리상들은 포장을 뜯어 부피를 줄이는 작업을 하느라 바빴고, 갈매기 먹이로 새우깡을 팔았다. 인천에서 단둥까지 349km, 배는 밤새 힘찬 고동 소리를 내며 달렸다.

고난의 행군, 하얼빈을 향한 길
7월 28일 새벽, 해무에 가려 붉은 기운 없는 동이 텄다. 짙은 안개 때문에 단둥항 앞바다에서 한 시간 넘게 대기하다가 12시경 접안할 수 있었다. 세관을 통과해 버스를 타고 단둥역에 도착하니 오후 3시, 3시간이나 연착되면서 압록강 단교, 유람선, 산책은 모두 불가능해졌고 점심도 걸러야 했다. 압록강을 끼고 달리는 버스에서 신압록강대교와 북한 땅에 90%가 속한다는 섬들을 보며 통일에 대한 염원을 다시금 되새겼다.

단둥역은 옛 서울역 정도의 규모였고, 역 안으로 들어가려면 신분증과

짐 검사를 해야 했다. 중국의 화장실 문화가 많이 개선되었음을 보며 놀랐다. 오후 3시 54분, 시속 250~300km로 달리는 중국 고속 열차에 몸을 실었다. 끝없이 펼쳐진 옥수수밭과 논이 빠르게 스쳐 지나갔다. 편안하고 친절한 승무원들 그리고 조용히 스마트폰만 보는 중국 승객들 속에서 우리는 왁자지껄 이야기를 나누고 술잔을 기울였다.

오후 8시, 하얼빈 도착. 버스로 이동하여 외곽에 있는 '완유 테크놀로지 파크 호텔'에 투숙. 늦은 저녁을 먹고 방으로 돌아와 잠자리에 들었다.

항일 정신과 국제 열차

7월 29일, 아침 일찍 조깅을 나섰다. 도시 계획이 큼직하고 나무가 많아 공기가 깨끗했다. 하지만 현대식 공단 옆에는 포장도 제대로 안 된 낡은 단층집들이 늘어서 있어 중국의 이면을 보기도 했다. 아침 장터에서 활기 넘치는 상인들을 보며 사람 사는 냄새를 느꼈다.

오전 8시 55분, '중국 침략 일본군 제731부대 범죄증명진열관'을 찾았다. 인체 실험과 세균전의 잔학한 행위를 담은 자료들은 섬뜩함을 안겨주었다. 일본의 만행을 철저히 보존하고 교육하는 중국의 모습을 보며, 우리의 역사 보존에 대해 되돌아보게 되었다.

다음으로 안중근 의사 기념관을 방문했다. 이토 히로부미 저격 현장을 눈에 담고, 그가 항일 투쟁의 상징이었음을 다시금 되새겼다. 이후 동북항일연군박물관으로 이동하여 추운 만주 밀림에서 유격전을 펼쳤던 한·중 연합 항일 투쟁의 역사를 마주했다.

오후 3시 59분, 하얼빈역에서 국제 열차에 탑승했다. 베이징-만주리 구간의 중국 열차와 모스크바 구간의 러시아 열차가 연결된 형태였다. 끝없이 펼쳐진 초원과 유전 지대를 보며 부러움을 금치 못했다. 하지만 에어컨이 나오지 않는 열차 안은 30도를 넘는 찜통이었고, 말이 통하지 않는 승무원과의 소통은 쉽지 않았다. 우리는 결국 윷놀이판을 벌이며 대륙의 밤을 시끌벅적하게 보냈다.

인내와 자주성으로 달리는 대륙의 밤

7월 30일 새벽 4시 5분, 만주리역에 도착했다. 국경 도시답게 돔과 뾰족탑이 있는 고층 건물들이 인상적이었다. 공안들의 철저한 검색과 여권 확인 절차를 거친 후, 러시아 국경인 자바이칼스크역으로 이동했다. 러시아 쪽에서는 작은 개를 동원한 수색까지 이루어졌다.

만주리에서는 중국 열차와 식당 칸이 분리되고 러시아 열차만 남겨졌으며, 러시아 쪽 넓은 궤도로 갈아타는 작업을 거쳤다. 자바이칼스크역에서는 3시간 반 동안 정차했고, 잠시 역 근처를 돌아보며 보드카와 소시지 등을 샀다. 러시아 땅에서도 자유롭게 날아다니는 제비들이 부러웠다.

출발 후, 끝없이 펼쳐지는 초원과 자작나무 숲을 벗 삼아 휴식과 독서에 빠져들었다. 늦은 밤 치타역에서 블라디보스토크에서 온 객차와 연결되었고, 대륙을 직접 열차로 여행하는 여학생들을 만났다. 하루빨리 우리도 부산에서 열차를 타고 대륙으로 갈 수 있는 시대가 오길 바라는 마음이 간절했다.

바이칼호수와 앙가라강에 안기다

7월 31일, 쉼 없이 달리는 열차 안에서 눈을 뜨니 넓은 들판과 낮은 산들이 보였다. 화물 열차들은 수도 없이 오갔고, 소박하지만 전철화된 철길은 인상적이었다. 오전 8시 45분, 울란우데역에 도착해 물과 간식을 샀다. 열차가 출발하자 식당 칸에서 바이칼호수가 보이기 시작했다. 11

시, 탁 트인 호수를 바라보며 마시는 맥주 한 잔은 지난 여정의 피로를 풀어주었다.

오후 3시 51분, 2,445km를 달려 이르쿠츠크에 도착했다. 366개의 강물이 바이칼호수로 흘러들지만, 오직 한 곳, 앙가라강으로만 빠져나간다고 한다. 유속이 빨라 겨울에도 얼지 않는다는 앙가라강을 사이에 둔 이르쿠츠크는 시원하고 편안한 도시였다. 야콥 동상, 바스크 성당 등 이국적인 명소를 둘러보며 제국주의의 역사에 대해 생각했다.

자연이 숨 쉬는 알혼섬의 밤

8월 1일, 아침 일찍 숙소 주변을 조깅하며 댐과 자작나무 숲의 운치를 즐겼다. 앙가라강을 막아 생긴 호수는 유원지가 되어 낚시를 즐기는 사람들이 보였다.

오후 2시, 알혼섬으로 향하는 선착장에 도착했다. 굵은 가랑비와 바람 탓에 기온은 11도까지 떨어져 추웠다. 남한 면적의 3분의 1이라는 바이칼호수를 배로 건너는 시간은 20분 정도였다. 비포장 흙길을 달리는 사륜구동 '우아즈'는 몹시 흔들렸지만, 구릉과 초원 그리고 오색 천이 감긴 나무들을 보며 이국적인 풍경에 감탄했다.

알혼섬 중심 후지르 마을에 도착해 숙소에 짐을 풀고 마을을 돌아보았다. '바이칼 뷰'라는 카페에서 바라본 마을은 고즈넉했고, 부르한 바위는 고고했다. 저녁에는 보드카와 반건조 어물로 안주 삼아 장작불 옆에서 밤늦도록 이야기를 나누었다.

바이칼 그리고 다시 앙가라강

8월 2일, 새벽 5시. 구름 한 점 없는 맑은 날씨에 바이칼호수의 일출을 보러 나섰다. 6일을 달려오고 이틀을 더 기다린 끝에, 마침내 바이칼은 제 본모습을 보여주었다. 호숫가를 활처럼 휘감은 풍경과 붉은빛으로 빛나는 부르한 바위는 신비로웠다.

숙소로 돌아와 아침을 먹고 7시 10분, 이르쿠츠크로 향하는 버스에 올랐다. 맑은 날씨 덕분에 올 때보다 훨씬 상쾌하고 아름다운 풍경을 눈에 담을 수 있었다. 오후 12시 50분, 이르쿠츠크 시내에 도착해 점심 식사를 했다.

이후 데카브리스트 반란 주모자들의 집을 보존한 발콘스키 박물관을 방문했다. 남편을 따라온 귀족 부인들의 순애보가 인상적이었다. 또한 콜차크 동상과 중앙시장을 둘러보며 러시아의 역사와 현대 사회를 엿보았다. 밤늦도록 이어진 여흥을 즐기고 밤 11시, 이르쿠츠크 공항에 도착했다. 비 내리는 공항에서 추위를 느끼며, 찜통더위라도 말 통하는 한국이 좋다는 것을 다시금 깨달았다.

찜통더위라도 말 통하는 한국이 좋다

8월 4일 새벽 5시 57분, 하바로프스크에 도착했다. 새벽 공기는 선선했지만, 출국장으로 향하는 길은 공사 중이었다. 하바로프스크공항은 여행 가방을 비닐 랩으로 싸는 러시아 사람들의 모습이 인상적이었다.

현지 시간 9시 50분, 비행기가 움직이기 시작했다. 약 3시간의 비행 끝에 한국 시간 11시 15분, 인천공항에 도착했다. 공항 안은 시원했지만 밖은 숨이 턱 막히는 찜통더위였다. 그래도 말귀가 통하는 한국에 돌아온 안도감과 편안함이 앞섰다.

지하 식당에서 맥주 한 잔으로 여행의 마지막을 마무리했다. 이번 여행의 연장자이신 양재덕 의장님의 "마음에 담은 만큼 평화철도, 대륙 철도를 위해 힘을 쏟읍시다"라는 인사말을 들으며, 이번 여정의 의미를 되새겼다.

VII. 나보다 나를 더 잘 아는 이성수, 이계환

내가 자서전을 쓴다니까 내 기억력을 보충해 주기 위해 나눔과더함 부평사회적경제마을센터에서 센터장을 맡고 있는 이성수와 통일뉴스 대표를 맡고 있는 이계환이 나를 생각하며 나에 대해 쓴 글을 보내주어 싣는다.

안재환 선배 생각하며
이성수

내가 김개남이다.

꼭 써야 할 이야기가 있다. 동학농민전쟁 중 무지렁이들의 이야기이다. 안재환 선배가 감옥에서 들은 이야기라고 한다. 관군에 잡힌 동학교도들의 이야기이다. 같이 갇혀있는 교도 중 몇 사람이 삼례에 사는 성철을 보고 말한다.

"김개남 장군님이시지요?"

"저는 아닌데요."

"그럼요. 장군님이 겸손하셔서 그렇지요."

"나는 아닙니다. 삼례에 사는 성철이라고 합니다."

"저희가 관군에게 그렇게 이야기하겠습니다. 그럼요. 숨기셔야지요. 언젠가는 나가셔서 큰일 하셔야지요."

성철은 아니라고 해도 함께 잡혀 온 사람들은 깍듯이 모셨다. 무지렁이 같은 자신을 동학교도들이 어찌 감히 김개남 장군님으로 보는

지 성철은 답답해했다. 그럴수록 많은 동학교도들이 그 소문을 듣게 되고, 노역을 나갈 때나 식사를 할 때도 성철을 우대하였다.

많은 민중의 소문에는 김개남 장군이 잡혀서 곧 사형장의 이슬로 변할 것이라고도 하고, 아직 김개남 장군이 구월산 속으로 숨어 들어가 다음을 준비하고 있다고 감옥에 갇힌 이들에게 전해졌다. 성철은 '내가 김개남이라 하고 죽어야 진짜 장군님이 시간을 벌 수 있지 않을까?' 하고 생각했다.

그래서 성철은 내가 김개남이 되자고 마음먹었다.

"내가 김개남이다." 성철의 말에 관군들이 들뜨며, 김개남을 잡았다고 한양으로 소식을 전하였다. 서울에서는 사형 판결문이 내려오고 지체 없이 사형을 집행하라는 파발꾼이 도착했다. '나 같은 무지렁이가 김개남으로 죽어 조금이나마 혁명의 시간을 벌 수 있다면 이 또한 뜻깊은 일 아니겠는가' 하며 스스로 다짐하고, 머리가 산발된 채 사형장으로 끌려갔다. 길가의 백성들과 관군, 일본군에게 '추한 꼴을 보여서는 안 된다'는 마음으로 당당한 자세를 잡고, 용모도 흐트러지지 않으려고 노력했다.

성철은 김개남 장군의 무사(無事)를 바라며 죽어갔다. 새 나라, 새 땅을 남쪽(南)에 이루는(開) 김개남 장군이 죽자, 이후 많은 김개남이 죽었다. 누가 진짜 김개남인지, 여러 관아에서 실적 경쟁으로 "남접주인 전봉준 장군을 잡았다"고 하고 "북 접주인 김개남 장군을 잡았다"고 하였다. 김개남이 실제로 언제 잡혔는지는 사료에 없다.

안재환 선배도 자신의 삶이 무지렁이 성철의 삶과 같다고 하였다. "그저 자신은 주어진 임무에 충실할 뿐이다"라고 하셨다.

무지렁이 민중이 혁명의 지도자로 각성해 가고, 민중에게 희망의 불씨로 다시 살아가는 삶도 역사의 발자취이다. 나 또한 그런 길을 무소의 뿔처럼 가리라.

비단결 같은 마음씨, '인간위원장' 안재환

이계환 대표(통일뉴스)

내가 '안재환'을 처음 만난 것은 1995년, 그러니까 30대 말이었다. 지금도 관계를 이어오고 있지만 함께 활동하며 집중적으로 만난 것은 3년 정도이다. 30년이 지난 지금 모두 나이도 먹고 흰머리도 나고 몸짓도 더디고 해도 내게는 '안재환'의 변하지 않는 모습이 하나 있다. 그의 마음씨다.

먼저 명칭부터 명확히 해야겠다. '안재환'은 나보다 선배이고 숱한 운동 과정에서 무수한 명칭과 별칭을 많이 받았을 것이지만 나는 잘 모른다. 대개의 사람들이 '안 회장'이라고 부르는 걸 많이 들어봤다. 아마 인천부천민주노동자회(인부노회) 회장을 했기에 그 명칭이 아닌가 싶다. 나는 한노협에서 처음 만났기에 한노협에서 함께 활동했을 때 불렀던 명칭, '안 위원장'이라 부르는 게 편하겠다.

첫 만남

누구에게나 첫 만남이 중요하다. 더구나 의식적이고 의미 있는 만남이라면. 첫 만남 이전에 나는 안 위원장을 알고 있었다. 물론 직접 만나지를 않아 얼굴은 몰랐지만 이름으로 말이다. 1988년 여름인가? 나는 당시 부천 지역에서 노동운동을 하고 있었는데 함께 활동하던 동료 활동가로부터 인부노회가 결성됐다는 얘기를 들었다. 인부노회 회장이 안 위원장이라는 것도 그때 처음 알았고, 이후 1년도 채 안 된 89년 봄인가 공안당국으로부터 인부노회 활동가들이 구속되고 있다는 소식도 들었다.

당시 노동운동 조직을 만들려면 조직 형태가 무엇이냐가 중요했다. 1987년 6월 민주항쟁과 7, 8, 9월 노동자 대투쟁이 들불처럼 일어났지만 그해 말 대통령 선거에서 군부 독재 정권이 연장되었기에, 당장 합법적인 단체를 만들기는 어려웠다. 그래서 그때까지만 해도 대개 비합법이나 반합법 조직을 만들었는데, 인부노회는 반합법 조직이었던 것으로 기억된다.

이를 두고 세간에서 이렇게 평가했던 게 기억난다. 운동의 합법칙적 발전 과정에서 볼 때 조직의 형태는 비합법→반합법→합법 순으로 나아갈 텐데, 당시 다소 열린 공간에서 드디어 반합법 조직이 뜬 것이다. 인부노회의 반합법적 형태는 당시 정세 및 조직 형태와 관련해 많은 논쟁과 시사점을 주었다. 대체로 정세에 맞는 조직이라고 평가했던 기억이 난다.

나중에 알았지만 인부노회가 결성될 때 목적 첫 번째로 "노동 형제와 조국을 위하여 의로운 삶을 살며 상부상조하고 노동자로서 올바른 품성을 함양한다"로 되어 있었다. '미제 축출, 파쇼 타도'가 아닌 '의로운 삶', '올바른 품성' 등을 보고 안 위원장의 입장이 크게 반영되지 않았나 생각한다.

1994년 나는 노동 현장에서 나와 향후 어떻게 움직일까 고민하다가 두 가지를 세웠다. 하나는 부천 지역에 노동운동 관련 대중 단체를 만드는 것이고 다른 하나는 전국적인 노동운동 단체에 들어가 활동을 하는 것이었다. 전자는 1994년 12월에 그동안 함께 활동했던 동료들과 함께 부천노동자회관을 만드는 것으로 이뤘는데 후자가 문제였다.

나는 당시 합법운동이나 노동운동 단체 또는 중앙조직에서의 운동에는 깜깜이었다. 마침 같은 입장을 지닌 한노협(한국노동운동협의회)이란 전국적 노동운동 단체가 있는 것을 알게 되었고 부천노동자회관도 한노협에 가입하고 나도 한노협에서 일하고자 하였다. 수소문한 결과 그 최적의 방안이 '안 위원장'을 만나 허락받는 일이었다. 결국 당시 나와 함께 활동도 하고 안 위원장과도 알고 지내던 강휘석과 그리고 지금은 고인이 된 강철웅의 소개로 안 위원장을 만나게 되었다.

1995년 2월경인가, 아마 처음에는 구로에 있던 강철웅의 집에서 만난 것 같다. 강철웅은 안방에다 술상을 펴고 우리를 맞이했다. 안 위원장과 자리를 함께한 나는 부천노동자회관이 한노협에 가입하고 또 나도 한노협에서 일하고 싶은데 보증인이 돼달라는 요지로 말했던 것 같다. 안 위원장은 매우 신중하고 또 조심스러웠다. 상대의 말을 경청하고 존중했다. 안 위원장은 소개해 준 강철웅을 잘 알고 있고 또 함께하겠다는 사람은 언제고 환영한다며 기꺼이 응해주었다. 며칠 후 한노협 가입단체로 있던 다우리노동자회관의 강휘석 소장과 함께 안 위원장과 다시 자리를 가져 친분을 쌓았으며, 나는 한노협에서 일할 수 있게 되었다.

한노협에서의 몇 가지 기억들

지금은 재개발됐지만 신도림역 근처에 위치한 한노협은 당시 노동운동의 상황을 시사하듯 사무실이 열악했다. 그러나 사무실에는 양재덕 의장을 비롯해 집행부에 기라성 같은 활동가들이 모여있었다. 모두가 전국적 차원에서 볼 때, 각 노동운동 진영의 맹주였다. 사무처장에 유제운, 조직위원장에 안재환, 정책위원장에 전용정 등이 활동해 왔고, 나는 연대사업위원장을 맡았다. 더 있을 텐데 기억이 안 난다. 나보다 뒤에 김봉은과 조남률이 들어와 상근을 했으며, 인천의 통민노회 회원 4-5명 그리고 성남의 성노회 회원 2명이 파견 나와 있었다.

한노협의 성원들 모두가 거물급이지만 특히 안 위원장의 명성은 자자했다. 당시 한노협 본부로 파견 나온 성노회의 한 활동가는 사무실에서 안 위원장을 보더니 "내가 잡혀서 경찰서에 끌려갔더니 한 경찰관이 '내가 안재환을 잡은 사람이다'며 자랑하는 걸 들었다"면서 "바로 그 안 조직위원장을 만나서 영광이다"고 말했던 기억이 난다.

한노협 전신이 1990년대 초에 결성된 수도권노동자대표자 연석회의(?)였는데 나는 이때 없었기에 잘 모른다. 안 위원장은 수도권노동자대표자 연석회의 때부터 활동해 한노협으로 이어졌다. 한노협은 전국적 노동운동 단체였다. 가입단체가 수도권을 비롯해 16개 시도를 망라했다. 구로, 부천, 인천, 안양, 수원, 안산, 성남 등 수도권을 비롯해 부산, 마산, 창원, 울산, 광주, 순천, 전주 등 각 지역의 주요 노동운동 단체들이 참가했다. 각 지역 노동운동 단체의 책임자들은 모두 각 지역에서 오랜 기간 노동운동을 해온 해당 지역을 대표하고 상징하는 거물급이었다.

1995년~1997년 시기는 민주노총이 들어서고 전국연합(민주주의민족통일전국연합)이 전성기를 누리던 시대였다. 김영삼 정부 들어 노동자는 최초로 자주적인 노동운동 조직을 만들었고 전선운동으로 전두환-노태우 처단 운동을 벌였다. 어디에서건 집회와 시위를 하면 5만 명-10만 명이 모이는 것은 쉬웠다. 그리고 재야운동은 1997년 12월 대통령 선거에서 권영길 후보를 주임으로 '국민승리21'로 결집하였다.

이 시기 한노협은 노동운동을 지원하면서 동시에 전국연합 가입 단체로서 전선운동과 통일운동에도 나섰다. 한노협은 기본적으로 회보 발간을 하면서 전국 조직을 건설하고 활성화하기 위해 각 한노협 산하 지역 노동조직을 순회하며 지원 교육하였고, 다른 노동운동 단체와의 연대사업이나 공동투쟁사업, 상부 조직인 전국연합으로의 파견 활동을 했다. 특히 파업 투쟁 지원과 통일운동에도 적극 참여했으며, '3한씨'라고 한노협, 청년단체인 한청련, 대학생 단체인 한총련과 함께 공동사업을 모색하기도 했다.

안 위원장은 인천 지역 출신이었다. 인천 지역은 1970년대와 1980년대를 거쳐 한국 노동운동의 메카였다. 서울과 가까운 수도권 지역일 뿐만 아니라 무엇보다도 공장과 공단이 많았다. 구로-영등포-부천-부평-인천으로 이어지는 거대한 경인 지역 노동 벨트의 핵심 지역이었다. 게다가 1985년 부평 대우자동차 파업 투쟁과 1986년 인천5.3민주항쟁에서 보듯 노동운동과 민주화운동을 주도하고 있었다. 특히 노동운동을 하고자 하는 활동가들은 대개 인천 지역으로 투신했다. 따라서 인천 지역은 각 조직, 이념, 노선 투쟁의 백화점이었다. 후에 자료를 보니 1980년대 말 인천 지역에 노동운동을 하기 위해 투신한 학생 출신 위장취업자가 2천 명에 달했다는 기록이 있다.

언제나 그랬듯이 단체에서는 조직과 사상이 제일 중요했다. 한노협도 그랬다. 특히 당시 상황과 전국적 조직인 한노협의 발전 경로와 관련 조직위원회의 일이 많았다. 안 위원장은 조직위원장이기에 전국적 차원에서 지역단체를 돌아다니면서 조직사업을 진행했다. 전국을 돌아다녀야 하니 승용차가 필요했다. 안 위원장은 당시 막 운전을 배운 초보자였다. 프라이드를 몰고 날아다녔다. 조그마하고 낡은 차를 몰고 며칠이고 울산, 부산, 마산, 창원, 광주 등 전국을 돌아다녔던 것으로 기억한다.

초보운전임에도 안 위원장은 금세 운전을 배웠고 잘했다. 어느 날인가 안 위원장의 프라이드를 타고 이동할 때 대화를 나누다가 안 위원장이 뛰어난 방향 감각이 있음을 알고 놀랐다. 방향 감각의 기본인 동서남북을 잘 파악하고 초행길임에도 이 길을 지나면 다음에 어느 길로 이어질지를 예견하고 있었다. 사실 안 위원장과의 기억은 결국 승용차를 매개로 한 에피소드가 많다.

안 위원장의 승용차는 한노협 상근자들에게는 특히 퇴근 순회용 차였다. 일이 많거나 회식 등 술자리가 끝나면 자정을 넘기는 경우가 많았고 대중교통이 끊어졌을 때 안 위원장은 친히 운짱이 되어 안양, 수원을 들르고, 부천을 거쳐 인천인 자택으로 향했다. 이런 경우가 한두 번이 아니었다. 그러나 안 위원장은 아무리 늦어도 반드시 운짱을 자임했고 한노협 상근자들을 모두 수도권의 집에까지 순회하며 바래다주는 배려를 베풀었다.

그래서일까? 안 위원장의 지속적인 '운짱의 길'은 이미 그때 예견되어 있었나 보다. 안 위원장의 부인이 어린이집을 운영할 때 안 위원장은 어린이집 아이들을 아침저녁으로 실어 나르는 운전기사 역할을 톡톡히 했다.

안 위원장 주변에는 그를 아끼는 사람이 많았다. 그저 아는 사람일 수도 있고 깊은 관계일 수도 있겠다. 중요한 건 누구든 안 위원장이 부르고 요청하면 '칼같이' 나선다는 것이다. 예를 들어 어느 지방이든 가면 그곳엔 안 위원장의 지인이 있었고 그 지인은 우리에게 편의를 제공해 주었다.

1995년 여름인가? 한여름에 폭우가 쏟아져 특히 중부지방에 물난리가 크게 났다. 한노협으로 아침에 출근했다가 우리는 즉석에서 안 위원장이 아는 경기도 연천 지역으로 피해 복구와 대민 지원사업에 나서기로 했다. 4명이 안 위원장의 프라이드를 타고 연천으로 향했다. 안 위원장 지인의 집에 가니 논밭이 물에 잠겨 있었다. 거세지는 않았지만 비도 계속 내리고 있었다. 우리는 물에 잠긴 논과 창고 등을 수선하고 특히 상당한 면적의 두릅 밭을 집중 복구한 것으로 기억한다. 복구 사업 후 저녁때 안 위원장 지인이 내놓은 토종 삼겹살 맛은 아직도 잊을 수 없다.

양재덕 의장을 비롯해 한노협 성원들은 산을 좋아했기에 설악산 등 등산도 자주 다녔다. 1996년 3월인가? 안 위원장의 노란색 어린이집 봉고차를 끌고 7-8명의 한노협 성원들이 1박 2일로 전남 백운산 등산을 갔다. 이때도 운전은 안 위원장 몫이었다. 백운산 가는 길에 보성 녹차밭에 들러 녹차 따는 체험과 함께 녹차도 마셨다. 밤에는 백운산 근처 계곡에 있는 식당을 겸한 민박집에서 고로쇠를 밤새껏 술과 함께 실컷 마셨다. 초봄이지만 백운산엔 눈이 쌓여 있었다. 하산 후 벌교 바닷가 개펄에 있는 한 음식점에서 꼬막을 먹었다.

보성 녹차밭과 백운산 계곡 민박집 그리고 벌교 음식점 등 우리를 맞이하거나 안내한 이들은 모두가 안 위원장의 후배이거나 동료였다. 지금 많은 기억이 나진 않지만 언뜻 돌이켜봐도 이처럼 북쪽 연천에서 남단 벌교에 이르기까지 안 위원장에겐 친구와 동료가 많았다.

1996년 가을 한노협 추석 재정사업에서 안 위원장의 활약도 잊을 수 없다. 노동운동 단체는 재정이 늘 어려웠다. 상시적인 재정사업을 하기는 어려워도 명절은 목돈을 벌 수 있는 대목이었다. 당연히 한노협도 활동비를 벌기 위해서 추석과 설날 때 재정사업을 했다. 1996년 추석 때 한노협은 대대적인 재정사업을 벌였는데 주 종목이 들쭉술을 비롯한 북한 술이었다. 당시 북한 술이 남한에 엄청 들어왔고 인기도 매우 높았다.

백두산 등반(좌), 한라산 등반(우)

한노협은 신도림 본부를 본점으로 해서 16개 시도에 있는 각 소속 단체에 지점을 열고 대대적인 재정사업을 벌였다. 처음에는 주문이 뜸하더니 몇 차례의 긴급회의를 거쳐 재정사업 총동원령에 합의하자 막판에 지방에 있는 소속 단체에서 주문이 쏟아졌다. 문제는 배달이었다. 정식 유통망을 통해서는 제날짜에 물건을 대기가 힘든 곳이 많았다. 주문을 받았는데 정한 날짜에 배달이 안 되면 모두 날릴 판이었다. 이때 나선 것이 안 위원장이었다. 정확하게는 안 위원장과 프라이드였다. 안 위원장이 프라이드로 직접 배송을 하지 않으면 안 되었다.

안 위원장은 프라이드 차에 북한 술을 잔뜩 싣고 지방으로 배달을 갔다. 이때는 조직위원장이 아니라 배달 위원장이거나 재정 위원장이었다. 물불 가리지 않고 헌신했다. 안 위원장의 활약(?)으로 추석 때 1억 원 이상의 매출을 올렸던 것으로 기억이 난다. 다음 해인 1997년 초 설날 때도 북한 술 재정사업을 했는데 그때는 두 번째라서 그런지 추석에 비해 매출이 절반 정도였던 것으로 기억한다.

1997년 12월 대통령 선거에서 김대중 후보가 승리했고 재야 세력이 결집해 밀었던 국민승리21 권영길 후보는 1.2%를 얻는 데 그쳤다. 한국 사회는 변하고 있었다. 무엇보다도 최초로 수평적 정권교체가 이뤄져 상층 권력이 이동하기 시작했고, 앞서 민주노총은 김영삼 정부 때인 1996년 12월 말부터 1997년 2월에 걸친 노동법 개악에 맞선 총파업 투쟁에서 승리해 노동자의 역할과 권익이 한껏 높아졌다.

한노협도 새로운 상황에 대처해야 했다. 오랜 논의 끝에 한노협 성원들은 본부에서 철수하기로 했다. 몸만 정리하면 되는 게 아니었다. 문제는 사무실에 온갖 자료가 많다는 것이었다. 문제를 삼으면 문제가 될 만한 문건들도 있었을 것이다. 문제가 될 만한 자료들을 모두 소각하기로 했다. 그 담당자로 안 위원장과 내가 추천됐다. 우리는 안 위원장의 그 차에다 자료를 가득 싣고 인천(?) 쪽의 한 수로로 갔다. 넓은 논이 펼쳐져 있었고 그리 넓지 않은 수로가 길과 논 사이에 있었다.

안 위원장은 이곳 수로에 자주 왔는지 지형지물에 익숙했다. 우리는 한 켠에다 낚시를 걸어놓고 다른 켠에서는 웅덩이를 파고 불을 피운 뒤 자료들을 소각하기 시작했다. 신문지나 종이를 태워본 사람은 알 것이다. 연기도 많이 나고 시간도 꽤 걸린다는 것을. 급하다고 한꺼번에 여러 장의 종이를 태우면 연기만 나고 오히려 불이 잘 붙지 않는다는 것을… 가끔 주변에 지나치던 사람들이 연기를 보고 의아해했지만 우리는 아랑곳하지 않았다. 낮에 시작된 소각은 날이 어둑어둑해져야 끝났다.

'인간위원장' 안재환

집중적으로 만난 기간이 3년 정도이지만 나는 이 기간에 아니 이후에도 지금까지 안 위원장이 누군가에게든 화를 낸 것을 본 적이 없다. 남을 폄훼하는 얘기를 들은 적이 없었다. 타인에 대한 양보나 배려는 기본이었고, 약속 지키기나 임무 완수는 덤이었다.

나는 언젠가 안 위원장이 야간 고등학교를 다녔다는 얘기를 누군가에게 듣고 의아해한 적이 있다. 게다가 그 야간학교는 서울 시내에 있는 학생들 주먹이 세기로 유명한 학교였다. '안 위원장=주먹'은 상상이 안 갔다. 나중에 나는 그 이유를 알고는 깜짝 놀랐다.

안 위원장에게 소아마비에 걸린 막냇동생이 있는데, 그 막냇동생을 업고 등하교를 시키려고 자신은 3년간 야간 고등학교를 다녔다는 것이다. 세상에 이럴 수가. 나는 제3자로부터 그 얘기를 듣고 놀람과 충격을 받았다. 동시에 나는 그간 안 위원장에게 느꼈던 그의 놀라운 품성을 단번에 이해하게 되었다. 그는 천성이 비단결같이 고운 사람인 것이다.

안 위원장은 40여 년 활동하면서 그가 맡은 숱한 직책과 명칭처럼 회장이나 대표일 수도, 또 조직위원장이나 무슨 위원장일 수도 그리고 생계를 꾸리기 위해 한 '샷다맨'이나 '운장'일 수도, 나아가 내가 모르는 명칭인 그 무엇일 수도 있겠다. 나는 내 식으로 표현한다면, 인간에 대해 매우 겸허하다는 의미에서 안 위원장을 '인간위원장'으로 부르고 싶다. 그것도 천성적으로 비단결같이 고운 마음씨를 지닌 '인간위원장'이라고….

VIII. 마무리하며

지금 생각을 해보면 당시에 변혁을 꿈꿨는데 과정은 꼭 그렇게만 흘러오지 않았다. 육십 대 중반이 되면서 그런 부분들에 대해서 기록을 해보고, 선배들로부터 배운 바도 남기고자 했고, 나의 인생을 돌아보는 시간이었다.

노동운동, 사회운동이라는 것이 많은 노력은 기울였고 우리 동지들하고 같이 투쟁하고 지역의 대중 사업을 해가면서 여러 가지로 얻은 점은 대중적 기반이 좀 더 확대됐다는 거다. 주민 사업 자원이나 실업극복국민운동을 하면서 지역 주민들하고도 이제 돈독해졌다고 생각한다. 이러한 활동이 결국 시민정치 권력 획득으로 되어야 하는 데 그런 이상향이라고 하는 것은 결국은 조직 권력을 통해서 가능한 것이다. 이제 내가 주인공으로 나서기에는 많이 지났다고 생각한다. 일부는 시민정치 활동에 참여하고 있지만 대한민국의 정치적 변화들이 앞으로도 상당히 좀 지루하고 장기적으로 흘러갈 것으로 예상한다. 남은 것은 후배들이 잘할 것이라 본다.

그래서 내가 정치적 활동을 할 때나, 우리 동료들이 진보 정당들을 하자고 할 때도 같이하지 못하고 일부 연대 활동에 만족해야 했다. 그분들 입장에서는 "저 친구는 민주당하고 연대는 많이 하고 왜 진보 정당과 연대는 왜 소홀히 해"라고 할 수도 있지요. 섭섭할 수 있을 텐데 제 기본적인 정세 인식이 대한민국 정치와 경제 여러 가지 사회 제도를 앞당겨서 해보려고 노력했다. 그렇지만 실제로 객관적 조건과 그 주변 관계나 여러 가지로 그렇게 만만치가 않았다.

김병상 신부님과 함께

우리의 생애에 이 정도로 한 것이 현재 우리가 보고 있는, 20년 전에 구청 공무원과 주민자치회의 눈치 보면서 지역 활동했던 거에 비교한다면 지금은 주민자치회나 사회적경제와 마을공동체 활동가분들이 유기적으로 활동하는 것을 보면 여러 가지 성과들이 있었던 걸로 생각한다.

지금은 인천시민의힘 공동대표를 맡고 있지만 후배들이 알아서 하고, 인천한겨레두레협동조합 이사와 맑은내마을마을관리사회적협동조합 이사장을 맡고 있지만 후배들에게 곧 넘겨야겠다고 생각한다.

내 나름대로 열심히 한다고 하긴 했는데 특히 정치권력과 관련해서는 앞으로도 더 많은 활동과 토대들이 더 필요하지 않을까 하는 게 나의 생각이다. 지치지 말고 지역 주민들, 공장 노동자들과 연대하고 함께하는 것을 꾸준히 하면서 신뢰 관계를 높이고, 괜히 급하게 했다가 어려워지지 않도록 해야겠다. 외부에서 바라보는 눈초리도 좋아지고 그러니까, 모든 분야의 활동들이 좀 더 장기적으로 앞으로 준비해야 하지 않을까 한다.

안재환 연표

1957년   서울시 성북구 월곡동

1973년   서울 중동고등학교 입학

1978년   동국대 '목요회' 사건으로 구속(18개월)

1981년   인천 중앙직업훈련원 졸업(보일러/용접 1급 기능사 취득)

1985년   동흥전기 입사

1988년   인천부천민주노동자회 회장

1988년   인천노동운동단체협의회 회장

1988년   한국노동운동단체협의회 조직위원장/사무총장

1989년   인천부천민주노동자회 건으로 2차 구속(18개월)

1998년   실업극복운동본부 부평실업센터 대표

2001년   인천부평남부지역자활센터 센터장

2004년   인천광역자활센터 사무국장

2005년   인천민주화운동계승사업회 집행위원장

2010년   인천지방선거연대 집행위원장

2017년   맑은내주민모임 대표

2018년   공생공생맑은내마을관리 사회적협동조합 이사장

2부

살며 사랑하며
배운다

이성수

I. 나의 어린 시절

기차 소리가 내 울음소리보다 크다

기차 소리가 내 울음소리보다 크다

구일동은 도시의 섬과도 같았다. 남쪽으로는 남부순환도로, 북쪽으로는 경인 전철로 막혀 있었고, 서쪽으로는 안양천, 동쪽으로는 구로차량기지로 막혀 있었다. 들어오는 입구는 두 군데밖에 없었는데, 하나는 구일역 교각 밑으로 안양천을 따라 들어오는 길이었고, 다른 하나는 남부순환도로 밑 터널을 통해서만 들어올 수 있었다. 기찻길과 순환도로가 빙 둘러쳐져 있는 그야말로 도시의 섬이었다.

북쪽과 동쪽의 기찻길은 형들의 놀이터였다. 내가 어릴 때여서 기억이 많지 않다. 기찻길은 얼마 지나지 않아 높은 철망과 블록 벽으로 둘러쳐졌다. 동네 형들은 기찻길에서 병뚜껑을 약간 펴서 기차 레일 위에 올려놓아 동그랗고 얇은 표창을 만들었고, 못을 올려놓아 자그마한 칼을 만들기도 했다. 아무리 높은 담이라 하더라도 기찻길에 접근할 수 있는 개구멍이나 헐거워진 철조망은 늘 있기 마련이었다.

하지만 나에게 각인된 놀이터이자 안양천 마을은 구로시장과 영등포시장의 자영업자 그리고 구로공단(현 국가산업단지) 노동자들의 잠자리였다. 버스도 들어오지 않으니 이른 아침, 남부순환도로 터널로 시장에서 먹고살기 위한 아저씨 아주머니들이 개미처럼 빠져나갔다. 출근 시간이 되면 작업복을 입은 사람들이 줄줄이 사탕처럼 긴 줄을 이뤘다. 도로 너머의 버스 정류장은 구로공단 노선만 있었고, 서울 중심부로 가기 위해서는 '가오리'(가리봉오거리의 약칭)까지 1km 정도는 걸어가야 했다.

사주에 없는 생일

내가 태어난 곳은 영등포구 구일동이다. 당시 한강 이남은 거의 영등포구였는데, 지금의 강서구, 양천구, 구로구, 금천구, 동작구, 관악구, 멀리는 강남구와 서초구, 송파구와 강동구까지 모두 영등포구였다. 우리 동네 북쪽과 동쪽으로는 기찻길이 있었고, 나는 그 기찻길 옆 오막살이에서 태어나 자랐다. 안양천을 넘어서면 광명시 철산동이었는데, 이동철(본명 이철용) 선배가 〈꼬방동네 사람들〉을 촬영한 곳이 바로 그곳이었다. 영화의 한 장면이 우리 동네의 모습과 매우 닮아 있었다.

나의 생일이 1962년 4월 29일(음력)인데 3년 지나서 출생신고를 하면서 4월 24일로 신고되었다. 4자와 9자는 흘려서 쓰면 비슷하다. 등본과는 다르게 가족들 생일로는 4월 29일이 공식이다. 학교에서나 요즘 핸드폰 온라인상 생일은 양력 4월 24일로 축하 메시지 받는다. 그때마다 설명하기도 귀찮고 하니 가짜 생일로 지내왔다. 공적 생일이니 어찌하랴! 그때는 수기로 쓰는 행정이다 보니 이런 일은 다반사였다.

봉천동으로의 이주와 나의 가족

안양천 범람으로 마을 사람들은 군사 작전하듯 봉천동 언덕배기로 쓸려와 군용 트럭에서 내려졌다. 그곳에는 온통 군용 천막 마을만 보였다. 아버지의 이름이 호명되면 군용 천막 번호를 찾아 이주 물품을 들고 가야 했다. 군용 천막은 재난 지원품이었고, 루핑 집은 가족이 스스로 지붕을 얹은 임시 주택이었다. 언덕 중간을 중심으로 위아래로 그은 금이 새로 정착할 땅으로 지정되었다. 벽돌과 시멘트는 할당되었지만 한참 모자랐다. 목재와 루핑(비를 막을 수 있는 아스팔트 재료가 발라져 있는 검은 종이로, 슬레이트보다 저렴했다), 천막은 알아서 구해야만 했다.

우리 가족은 아버지와 어머니 그리고 6남매였다. 큰누이와 형, 여동생과 남동생이 둘 있었다. 과거형이 된 것은 다섯째 남동생이 어려서 죽었기 때문이다. 어머니와 서울대병원까지 갔고, 그 죽음을 처음으로 마주했다. 그때 어머니의 모습을 보며 다시는 어머니께 눈물을 보이지 않게 해야겠다고 다짐했다.

셋째의 삶은 존재감이 없다. 장녀와 장남, 막내딸과 막내아들이 우선으로 불리니 말이다. 스스로 알아서 살아가는 것이 나에게 주어진 운명이려니 했다. 나는 성실함으로 존재감을 높이려 노력했다. 공부를 잘하거나 운동신경이 남들보다 월등히 뛰어난 것도 아니었다. 키와 운동신경은 누님이 더 좋았는데, 상도여중 배구부원으로 뛰는 누님의 시합을 보며 누님을 우러러보기도 했다. 공부는 형님이 늘 상위권을 놓치지 않고 반장도 자주 했다.

시장에서 경제를 배우다

잡화점을 하기 전에는 국수 가게를 했다. 날씨 좋은 날 길게 늘어선 국수 가락 건조대는 친구들의 부러움이었다. 짭짤한 국수 몇 가닥은 나의 간식거리였다. 국수와 우동 기계는 하나로 원형 틀만 바꾸면 국수도 되고 우동도 되었다. 한번은 형과 함께 기계 근처에서 놀고 있었는데,

누나가 기계를 돌리려 할 때 형의 손가락이 원형 틀에 끼이는 사고가 났다. 육십 대 중반을 넘긴 형의 가운뎃손가락에는 국수 모양으로 눌린 자국이 아직도 남아 있다.

국수 가게 옆으로는 개천이 흘렀다. 하수도를 겸하고 있었기에 늘 물이 흐르긴 했지만, 생활 쓰레기가 널려 있고 쥐도 종종 보였다. 국민학교 시절, 쥐꼬리를 봉지에 담아 학교에 내면 공책 한 권이나 연필 세 자루를 주었던 기억이 난다.

우리 집이 국수 가게를 정리하게 된 이유는 봉천 시장이 만들어지고, 우리가 시장에 점포를 갖게 되면서부터였다. 시장 코너에서 잡화점을 하고 나서는 시장의 대나무 젓가락을 모을 수 있었다. 젓가락 네 개와 둥근 노란 고무줄만 있으면 뚝딱하고 대나무 고무줄총을 만들 수 있었다.

나는 공부는 중간 정도만 했지만, 전쟁 무기 만들기, 라디오 분해 조립 등 손재주가 좀 있어서 가게 물건 정리하는 것을 도왔다. 특히 아버지의 술자리를 지키는 막중한 임무를 내가 도맡았다. 잡화점의 물건 정리를 돕는 것도 나의 몫이 많았다. 봉천 시장의 코너집에서 하이타이, 퐁퐁, 고무장갑 같은 공산품부터 밀가루, 소금, 치자 같은 잡화까지 없는 게 없을 정도였다. 물건 종류가 수천 종이나 되었지만, 나는 물건값을 잘 외우고 암산도 잘했다. 가게에서 어머니를 도와드리는 일이 왠지 좋았고, 상품의 위치나 정리 정돈은 힘들지 않게 적응했다. 손님을 상대하는 것도 싫지 않았다. 나는 성실하게 잡화점을 도왔고, 가끔 돈통에서 약간의 돈을 주머니로 옮기기도 했다. 그 돈은 주로 장난감이나 만화방에 썼다.

달동네에 핀 꽃

나의 배움터이자 놀이터, 봉천국민학교

　봉천국민학교는 산꼭대기 무덤들을 허물고 지은 학교였다. 밤늦게 학교에 놀러 가면 비탈길에 조그마한 불빛이 날아다니기도 했다. 귀신불이라고도 불렸는데, 사체에서 나오는 화학 성분인 인 때문이라고 들었다. 조금은 용기가 있거나 놀 줄 아는 아이들만 학교로 들어가 놀기도 했다. 철봉이나 사다리 타기, 정글짐은 최고의 놀이터였다. 봉천동에서 큰 고개를 넘어 상도동에 가면 따로 마을 놀이터가 있었다. 십 리나 되는 길을 친구들과 원정 놀이를 가기도 했다. 상도동은 부자 동네였는데, 나중에 김영삼 대통령이 살았을 정도였다.

　우리 누나는 봉천국민학교 1회 졸업생이다. 누나 6학년 때 서울 봉천본동 쪽 은천국민학교에서 분리되어 만들어졌다. 형은 3회 졸업생, 나는 6회 졸업생이다. 우리 학교는 학생이 8천 명이 넘었다. 졸업할 때쯤 부산에 있던 학생 수만 명 가까이 되는 학교가 담장을 만들어 두 개의 학교로 나뉘면서 봉천국민학교가 재학생 수로 최다가 된 것을, 신문을 통해 본 듯하다.

　내가 초등학교 고학년일 때 누나가 지금의 강남인 말죽거리 근처의 여자 상업고등학교를 다녔다. 누나가 요리 실습 시간에 만든 카레밥은 지금의 것과 달랐지만 외국 요리라 생각하며 환상적으로 먹었던 기억이 있다. 감자를 으깨고 설탕을 듬뿍 넣어 노랗게 만든 사라다(샐러드)는 지금도 침샘을 자극하는 맛이었다.

　누나 학교에서 운동회를 한다고 하여 누나네 학교에 가서 점심까지 먹고 오십 리가 넘는 길을 걸어서 집으로 왔다. 무슨 용기였는지, 어린 마음에 서울 남산과 동서남북 방향 감각만 믿고 누나의 학교를 출발해 걸었다. 그러던 도중 서울과 부산을 잇는 경부고속도로를 만났다. 방향을 알고 있었으니 고속도로를 따라 걷다 보면 넘어가는 길이 있으리라 생각했지만, 넘어갈 수도, 밑으로 터널도 없었다. 해는 지고, 울면서 걷다 보니 터널을 지나면서 방향 감각이 많이 흔들렸다. 밤이 늦어서야 울면서 집에 왔는데, 아무도 신경을 쓰지 않았다. 다들 자신의 일이 바빴다. 그래도 누나가 뒤늦게 알고 걱정해 준 기억이 크게 남는다.

달동네서 핀 꽃

봉천시장에서 살 때였다. 1층은 잡화점이고 2층이 살림집이다. 가게 뒤쪽의 수직 사다리는 이층으로 올라가는 나만의 비밀통로였다. 부모님과 누나와 형은 시장 끝에 있는 계단으로 돌아서 다녔다. 수직형 계단 위로는 자그마한 구멍이 있었고, 2층 창고를 개조해서 만들었으니 구멍이 작았다. 초등학교 저학년 시절, 우리 형제자매 7명이 두 개의 방에 살았다. 그리고 종종 외할머니댁에서 나의 여동생 또래 여자애가 함께 살며 막내를 돌봐주었던 기억이 있다. 지금의 가수 이정현을 닮았다고 생각한다. 마음이 애틋했는데 오래 있지는 않았다.

우리 할아버지와 작은할아버지는 술고래였다. 작은할아버지는 술을 끊겠다고 도끼로 손가락을 찍으며 맹세도 하셨지만, 오래지 않아 술로 돌아가셨다고 한다. 나는 종종 바쁠 때나 심심할 때 가게 일을 도왔다. 봉천시장 잡화점 일이 마무리될 때쯤 어머니가 아버지를 찾아 집으로 같이 가라고 하셨다. 시장 뒤편의 포장마차 순댓국집 몇 군데를 돌다 보면 아버지의 목소리가 들렸다. "육군 상사 이 상사가 말이야…" 하는 목소리였다. "아버지, 집에 가요" 하면 아버지 친구분들이 용돈을 주며 좀 기다리라고 했다. 그 돈으로 만화방에서 만화 몇 권을 보고 와서 또 재촉해야 비로소 아버지를 모시고 갈 수 있었다. 육군 상사 이 상사는 나에게는 거대한 폭군이자 화수분 같은 착한 아버지였다.

동네가 높은 곳이고 평지가 별로 없어서 자전거를 가진 집이 없었다. 봉천국민학교 근처 아랫동네로 내려가면 자전거를 빌려주는 대여점이 있었다. 동네 친구들과 한 시간 단위로 빌려 자전거를 배웠다. 시골에서 언덕을 내려오며 배운 자전거는 엄청난 자랑거리였다. 아버지는 시장에서 자전거로 물건을 배달할 때 사람들이 많아도 내리지 않고 시장통을 지나다닐 정도로 달인이었다. 짐 자전거는 매우 크고 무거웠다. 짐 자전거에 앉으면 다리가 페달에 닿지 않았다. 시골 친구들은 자전거 가운데 삼각대 안으로 발을 넣어 엇갈려 가며 페달을 돌렸다. 나는 엄두를 낼 수 없는 기술이었다. 서울에서는 학생용 자전거를 빌릴 수 있었고, 나는 낮은 안장의 자전거를 타며 놀았다. 자전거는 천연색 컬러 TV가 가정집에 들어오기 전까지 신문물이며 환상의 물건이었다.

보육원으로 날아간 버스 회사 합의금

어느 날 남동생이 서울대 고개에서 내려오는 버스에 치여 교통사고가 났다. 가게로 전화가 오고, 어머니에게 연락을 받고 병원으로 뛰어갔다. 언덕을 어떻게 내려갔는지 모르게 뛰어갔고, 응급실에서는 동생이 머리를 다쳐 마취를 못 하고 수술을 하는데 너무 많이 울었다. 내가 가서 동생 머리를 붙잡고 동생도 울고, 나도 울면서 머리를 꿰매는 수술을 했다. 엄청 울었던 기억이다.

이후 몇 달이 지나도록 병원 출입은 나의 몫이었다. 버스 회사에서는 어머니를 몇 번 만나 합의금을 주며 정리하였다. 어머니가 말씀하시길 차후에 이상이 생기면 병원은 언제라도 이용할 수 있다고 하셨다. 그러던 어느 날, 나에게 같이 가볼 데가 있다고 하시더니 버스로 삼육보육원을 가셨다. 보육원에 합의금을 후원하신 것이다. 꽤 큰 돈(30만 원으로 기억)을 희사하시며 나에게 말씀하셨다. "꽁돈은 집에 머물면 안 된다. 세상에 공짜가 어디 있냐? 돈이라는 게 요상해서 힘써서 번 것이 아니면 돈과 함께 마(魔)도 꼬리처럼 함께 들어오기 마련이다"라고 하셨다. 어머니는 "아버지의 폭력엔 침묵으로 맞섰지만, 사회적 약자에겐 마음을 열었다."

달동네 놀이터와 나의 꿈

큰길을 따라 학교까지 가는 길에는 열 군데가 넘는 문방구가 있었다. 그중 특히 손님이 많았던 문방구 아저씨는 마치 '후라이 보이 곽규석'처럼 목소리도 좋고 웃기는 말도 많이 하셔서 인기가 높았다. 학생들한테는 인기가 많고 장사도 잘되었다. 북쪽으로 봉천동에서 상도동으로 넘어가는 고개가 제일 꼭대기라면, 우리 집은 중간 정도에 있었다. 경사가 만만치 않아 겨울에 눈만 오면 사료 포대나 신발 썰매로 눈썰매를 원 없이 타고 놀았다. 학교에서 돌아올 때 문방구가 많은 큰길을 뒤로하고 산길로 돌아오면 수많은 공터가 나왔다. 그곳은 우리들의 놀이터이자 전쟁터였다. 자치기, 제기차기, 딱지치기 놀이를 즐겼다. 전쟁 도구 중 고무줄총은 고급 장난감이었는데, 나무젓가락으로 만들면 길이가 길고 멀리까지 쏠 수 있어서 최고였다. 친구들과의 고무줄 총싸움과 고무줄 따먹기 시합은 내 실력을 발휘할 수 있는 기회이기도 했다. 손재주가 좀 있어서 이후에 과학자나 기술자가 되는 꿈을 꾸기도 했다.

용돈을 모아 문방구의 프라모델을 샀다. 과학아카데미 회사의 프라모델이 최고였는데, 이것을 만드는 것은 나의 고급 취미였다. 손재주를 발휘할 수 있는 환상적인 놀이였다. 프라모델을 만들기 위해 니퍼와 칼, 본드와 핀셋 그리고 작업대용 신문지를 깔아놓고 있으면 무아지경, 즉 물아일체의 경지에 빠져들었다.

나의 아버지

폭군, 육군 상사 이 상사는 상이용사, 나의 아버지

나는 귀에 맷집이 좋다. 남의 얘기를 한쪽 귀로 듣고 한쪽 귀로 흘리는 능력이 높다는 뜻이다. 들은 말이 뇌를 거치되 무심하게 들을 수 있는 경지를 갖게 된 사연이 있다. 국민학교 시절부터 아버님 앞에서 마신 소주는 나에게 50년 넘게 술을 가까이하게 만들었다. 어린 시절, 아버지의 술주정이 심해 술만 드시면 집안의 물건을 자주 부쉈다. 아버지의 폭력성은 상이용사로서 겪었을 트라우마 때문일 가능성이 컸다. 귀에 맷집을 키운 것과 어린 시절 술을 입에 댄 사연 모두 아버지와 연결되어 있다.

아버님은 술을 드시면 전쟁 이야기만 많이 하셨다. 어릴 적 아버지가 술에 취해 골목을 들어오면서부터 형과 누나를 부르며 동네방네 소리를 지르셨다. 집안에 긴장감이 감돌았다. '오늘 저녁은 언제 잠이

들까' 하며 조마조마했다. 술상이 차려지고 안방으로 들어가시면 누군가 이야기를 들어주는 희생양이 필요했다. 그래야 나머지 방에서 구겨지듯 잠들 수 있었다. 그 역할을 주로 내가 맡았다.

숱한 전투 중에서 "많은 전우가 죽는 것을 보았다"고 하셨다. 전쟁 중 전투를 하면서 전우가 "나 죽으면 우리 어머니를 찾아가 줘라. 어머니 혼자 계신다"고 말했다. 아버지는 "꼭 부모님께 인사드리러 가겠다"고 굳게 약속했지만, 그 약속을 지키지 못한 한탄이 이어졌다. "누구를 위한 망할 놈의 전쟁인지", "인민군이나 국군이나 어린놈들, 가난한 놈들의 희생뿐이더라", "전쟁이 무서우니 자기 총으로 팔에 총을 쏘고 의가사 제대한 놈도 있고, 제 살길만 찾아서 명령을 어긴 놈이 나중에 별을 달더라" 등 끝없는 이야기가 이어졌다.

웃옷을 벗어 가슴을 보이면 수류탄이 터지며 맞은 파편 자리가 보였다. "아직도 빼내지 못한 파편이 박혀 있다"고 하셨다. 다리에는 총상으로 수술한 자리가 몇 군데나 있었다. 술집에서도 몇 번 본 적이 있다. 그러다 싸움이 나면 집안이고 술집이고 풍비박산이 났다. "육군 상사 이 상사를 뭘로 보냐!", "나 육군 상사 이 상사야!"를 몇 번이나 외치셨다. '뭐 그리 잘났다고' 이를 갈며 들었다. 어려서 본 상이군인들의 난동도 별다르지 않았다. 전쟁이 낳은 풍경이다.

끝없는 전쟁 이야기가 이어졌다. 앉은뱅이 밥상의 술병이 다 비어야 주무셨다. 어린 나는 술병을 비우기 위해 몇 모금씩 마시기도 했다. 전쟁 같은 술자리가 끝났다. 그래야 가족은 잠이 든다.

전쟁 이야기: 학도병과 인민군 포로

아버지의 전쟁 이야기 중 가장 기억에 남는 이야기다. 전쟁의 군인 부족하니, 어린 신병이며, 학도병들이 군대에 소집되어 연병장에 모였다. 학도병들을 보며 아버지의 머릿속을 스친 생각은 '두어 달이 지나면 반도 안 남을 텐데!'였다. 아버지는 특무상사로 전투에서 소대를 담당했다. '눈에 살기와 광기를 만들어야 그래도 생존율이 높아지지' 하는 마음으로 훈련장에 모아 얼차려를 시켰다고 한다. 하지만 살아남게 하기 위한 전투 기술보다는 삶에 대한 투지와 '적을 죽여야 내가 산다'는 의지를 높여야 했다. '무서움에 떠는 학도병들을 이대로 죽음의 전장으로 보낼 수는 없다.' 어떻게 하면 살아남게 할 것인가 고민했다. "북의 인민군 중에도 중학생 정도의 어린 학생들로 보이는 군인이 많았다"고 하셨다. 사람을 죽이는 훈련을 하게 하였다.

훈련 내용은 이랬다. 포로로 잡혀 있는 인민군이 있었다. 학도병 앞에 인민군 포로를 묶어 놓고 학도병들에게 한 사람씩 나오게 하였다. 지급된 날카롭게 갈아놓은 군도로 찌르게 했다. 누구도 섣불리 찌르지 못했다. 얼차려를 돌리고, 철모로 머리를 때려도 칼을 들고 살아 있는 사람을 찌르지 못했다. 몇 차례의 뺑뺑이를 돌려도 소용이 없었다. 극약처방으로 유능한 고참으로 하여금 시범을 보이게 하는 것이다.

아마 병장급이었으리라. 고참을 불러 자신의 군도로 포로를 찌르게 한다. 고참도 살아 있는 사람을 죽이려니 우물쭈물할 수밖에 없었다. 그래도 강제로 시키면 포로를 찌르게 된다. 포로에게 꽂힌 칼로 인해 군복 위로 피가 튀고 칼이 박혔다. 박힌 칼은 잘 빠지지 않았다. 아버지가 자신의 철모로 칼을 든 군인의 철모를 때리며 "그렇게 해서 죽겠냐?"

1955년 부모님 결혼식(강원도 철원군 관인면)

고 했다. 그러면서 자신의 칼을 빼서, 포로의 배를 찌르고 칼을 비틀었다. 비튼 손을 옆으로 긋고 위로 올리고 옆으로 돌려 내장을 드러냈다. 학도병들의 신음소리가 들렸다. 피범벅이 된 인민군 포로는 소리를 질렀다. 찢겨진 죽음 앞에 학도병들의 눈이 돌아갔다. 눈이 돌며 핏기가 돈다. 다시 학도병들을 불러 한 사람씩 착검을 한 총으로 소리를 지르는 포로의 몸을 찌르게 했다. 한 사람이 먼저 찌르고 나면 그다음부터는 자동으로 학도병들의 눈에는 핏기가 오르고 너무 쉽게 칼질을 하기 시작했다.

　그 정도로 눈이 돌아간 학도병들은 생존율이 두세 배로 늘어난다. 마지막 훈시는 "너희도 잡히면 저렇게 될 것이다"라며 "살아 남아야 한다. 그래야 고향에 갈 것이며, 돌아가서 부모님도 만날 수 있다"는 것이었다. 이렇게 대한민국의 청년들은 전쟁의 살인귀가 되어갔다. 살아남은 자들은 피의 기억이 뼈에 각인된다. 술을 마시면 피 냄새에

찌든 죽어간 동지의 얼굴이 나타난다. 살아 돌아온 자들은 술이 사람을 먹는지 사람이 술을 먹는지 분간을 못 한다. 악귀의 얼굴이다. 친구를 잃고, 부모가 학살되고, 자식은 불태워졌다. 사람으로 태어나 학살되거나 학살자로 남는 것이 전쟁이다.

아버지의 전쟁은 영화와 TV 드라마의 한 장면이 아니다. 옆의 전우가 총알과 폭탄 파편으로 팔과 다리가 잘리고, 바위에서 떨어져 죽고, 진흙탕에 잠겨 쓰러져 가는 것이다. 전장의 상처로 인한 장애는 영원하다. 피와 상처의 장애를 안고 살아가야 하는 것이 전쟁이다.

왜 전쟁은 만들어지고, 총알받이와 아우성만 남는 상흔은 누구를 위한 것인가? 2년이 넘는 휴전 회담이 이어지면서 국지적인 전투는 끊임이 없었다. 백마고지 전투와 철원의 화살머리고지 전투, 크리스마스 고지 전투와 단장의 능선 전투 등 피의 능선에 시체가 쌓여만 갔다. 아버지를 통한 전쟁 이야기는 우리 민족에게, 백성에게 다시는 일어나서는 안 될 사건이었다. 대학생이 되면서 평화와 통일에 대한 관심을 갖게 된 것도 아버지의 전쟁 이야기가 동기 부여에 가장 중요한 역할을 했다.

그렇게 아버지는 술과 고함, 자숙과 반성으로 살다가 내가 군대에 있을 때인 1987년에 돌아가셨다. 어머님의 기억에 아버지는 고통이고 폭군이었다. 그러나 아버님 장례식을 거치며 아버지와 화해를 하셨다. 이는 어머니의 회고록이 증거이다.

어머니!

삶의 길을 밝힌 등불, 나의 어머니

　내 인생에서 가장 큰 스승이자 영원한 등불은 바로 어머니다. 어머니의 이야기는 한국전쟁의 비극과 함께 시작한다. 1954년, 휴전 직후 피난지인 강원도 철원군 관인면에서 어머니는 전쟁의 상처를 안고 살아가시던 아버지를 만났다. 스무 살 무렵의 어머니는 낯선 땅에서 군용 천막 하나에 여덟 가족이 칼잠을 자는 고단한 삶을 시작하셨다. 평양성 태극기 수복 작전에 참여하고 백마고지 전투를 겪은 아버지의 몸에는 수많은 탄피 자국과 상처가 있었다. 어머니는 그 아픔을 묵묵히 보듬으셨고, 그 곁에서 힘든 삶을 견디셨다.

　어머니는 부지런하고 현명하셨다. 아버지는 휴전협정 후 얼마 지나지 않아 제대하셨다. 그 후 서울로 군용 트럭(초기 버스 대용차)을 타고 여섯 시간이 걸리는 길을 오가며 장사를 시작하셨고, 버스 노선을 직접 섭외하여 마을까지 운행하도록 만드셨다. 서울에 와서는 이병철 씨 소유의 건물에서 장사를 하실 만큼 수완도 좋으셨다. 하지만 그 과정에서 큰 빚을 지기도 하셨고, 사기를 당해 빈 마차만 끌고 돌아온 아버지의 까만 얼굴을 보며 속앓이를 하셨다. 한때는 국수 가게를 운영하셨는데, 아버지의 친구에게 속아 값비싼 기계를 사고 빚더미에 앉기도 했다. 하지만 어머니는 그 모든 고난을 이겨내고 악착같이 다시 일어서셨다. "나에게 돈을 빌려주고 돌려받아 간 사람은 당신 한 사람뿐이다"라는 말은 어머니의 끈기와 강단을 보여주는 증거였다.

당신의 아픔, 나의 고통

어머니는 아버지의 아픔을 온전히 이해하지 못하셨다고 회고하셨다. 젊은 시절 툭하면 술에 취해 "내가 곧 죽을 거야"라고 말씀하시던 아버지, 이유 없이 휘두른 폭력으로 어머니를 졸도하게 만들었던 아버지의 모습을 보며 어머니는 괴로워하셨다. 그러나 아버지가 돌아가신 후, 백마고지 전투에서 동료의 처참한 죽음을 목격하고 매일 같이 시신으로 돌아오던 신병들을 보았다는 이야기를 들으시며, 그 모든 것이 전쟁의 후유증이었다는 것을 깨닫고 미안해하셨다.

나 역시 어린 시절, 아버지의 모습이 이해되지 않을 때가 많았다. 하지만 어머니의 회고를 통해 아버지의 고통과 아픔을 비로소 헤아릴 수 있었다. 어머니는 당신의 아픔을 내색하지 않고 그저 묵묵히 가족을 지켜내셨다. 봉천시장 200여 개의 점포 중 가장 일찍 문을 열고 가장 늦게 문을 닫으셨던 부지런한 아버지 그리고 그 옆에서 힘든 삶을 견뎌내셨던 어머니. 그 두 분의 희생이 있었기에 우리 오 남매가 무탈하게 성장할 수 있었다.

자녀를 위한 끝없는 헌신

어머니는 자식들을 향한 사랑이 넘치는 분이셨다. 큰누나와 큰형은 종종 반장도 하며 부모님을 기쁘게 해드렸고, 나 또한 용산공고에서 기능올림픽을 준비하며 어머니의 기대에 부응하려 애썼다. 막둥이 동생이 길을 잃었을 때, 온 가족이 애타게 찾아 헤매던 기억은 내 가슴을 아리게 한다. 어머니는 자식들의 학비를 한 번도 밀린 적이 없으셨고, 자녀들을 키우는 기쁨을 가장 큰 행복으로 여기셨다.

어머니(최동길. 앞줄 가운데)와 함께 찍은 가족사진

하지만 내게는 막내 여동생의 불행이 어머니를 가장 힘들게 했던 순간으로 기억된다. 아버지의 갑작스러운 죽음 후, 동생은 심각한 충격으로 정신 질환을 앓게 되었다. 어머니는 딸을 위해 백방으로 병원을 찾아다니셨지만, 번번이 거절당했다. 그러다 우연히 춘천의 한 정신병원 원장님을 만나 치료를 시작하게 되었고, 딸이 스스로 밥을 먹는 모습을 보며 "하나님, 감사합니다"라며 눈물을 흘리셨다는 이야기는 지금도 내 가슴을 먹먹하게 한다. 그 힘든 시간 속에서도 어머니는 딸을 포기하지 않으셨고, 그녀의 삶은 계속될 수 있었다.

나눔과 믿음의 삶

어머니는 평생 돈 욕심 없이 베푸는 삶을 사셨다. 남편의 유산으로 받은 돈으로 어려운 이웃을 돕는 일에 주저함이 없으셨다. 50대부터 수십 년간 로터리클럽을 비롯한 여러 곳에 기부하셨고, 힘들 때마다 하나님께 의지하며 신앙의 힘으로 이겨내셨다. 먼 인천에서 봉천동에 있는 교회까지 네 시간을 오가며 예배에 참석하셨던 어머니의 모습은 내게 깊은 감동을 주었다.

어머니는 "나는 복 받은 사람이다", "하나님이 나를 참 사랑하신다"라고 늘 말씀하셨다. 혈압약 복용 실수로 쓰러질 뻔했던 위험한 순간에 하나님의 도움으로 위기를 넘기셨다는 믿음 그리고 비록 손에 가진 돈은 없지만 지혜롭게 살 수 있는 것에 감사하셨다. 어머니는 내가 '공돈'을 만지게 되면 "마가 낀다"라며 경계하라 가르치셨고, 어려운 이웃에게는 언제나 손을 내밀어야 한다고 몸소 보여주셨다.

아름다운 삶의 의미

어머니의 삶은 그 자체로 한 편의 감동적인 자서전이다. 전쟁의 고통을 짊어진 남편의 아내로, 여섯 남매의 어머니로 그리고 굴곡진 인생을 살아온 한 여인으로서 어머니는 늘 묵묵히 자신의 자리를 지키셨다. 돌아가신 후에야 비로소 아버지의 진가를 알게 되셨다는 어머니의 고백처럼, 나는 어머니의 깊은 희생과 사랑을 이제야 온전히 깨닫는다.

어머니의 가르침은 내 삶의 모든 순간에 스며들어 있었다. 노동운동을 하며 세상의 불의에 맞섰던 용기, 사회복지 전문가로서 어려운 이들을 도왔던 헌신 그리고 글쓰기를 통해 다른 이들의 삶을 기록하려는 나의 현재 모습까지, 이 모든 것은 어머니께서 남겨주신 삶의 유산이다.

II. 중학교 시절

선린중학교

뺑뺑이로 선린중학교에 입학했다. 중학교는 선린상업고등학교와 함께 있었다. 봉천동에서 가장 멀리 배정받았지만, 내가 결정한 것이 아니니 불만이 있을 수 없었다. 봉천동 고갯길에서 삼화버스(333번)와 교문리 가는 55번 버스를 타고 다녔다. 신촌교통(143번)도 학교에 가는 버스였다. 상도동과 장승배기, 노량진을 거쳐 제1한강교를 건너 용산을 지나 남영동에서 내려서 걸어갔다.

봉천동 고개 중턱에서 서는 통학 버스는 함부로 타기 어려웠다. 만원 버스라 서지 않고 지나가기가 일쑤였다. 아니면 100여 미터 전이나 후에 손님만 내리고 출발하는 경우도 많았다. 봉천극장 정거장에 모여있는 사람을 태우려면 만원 버스가 문을 닫고 출발하기 어려울 정도로 문에 매달린 사람이 많았다. 그때는 버스에 차장이 있었다. 버스 차장이 문밖에 매달려 몸으로 승객들을 밀어 올렸지만, 불가항력인 경우가 많았다. 노련한 버스 차장들이 어느 정도 인원이 차면 양팔로 버스 문에 매달려 인원을 막고 출발을 외쳤다. 버스 기사가 출발하며 에스(S)자 곡예 운전을 해서 차 안의 사람들이 원심력과 구심력을 이용하여 안쪽으로 밀려 들어가게 되면 비로소 문을 닫았다. 종종 뉴스에서 버스 차장이 떨어져 숨지는 사건들을 보기도 했다. 그래도 봉천동 고개에는 밀려드는 학생과 노동자들이 구름떼처럼 몰려 있었다. 체력이 약하고 체격도 크지 못했던 나는 오전 일찍 출발하거나 한 정거장

밑으로 내려가서 버스를 타는 경우가 많았다.

선린중학교에는 특별 활동 부서로 야구부가 유명했다. 봉천초등학교 출신들이 대거 입학했는데, 이는 뺑뺑이로 추첨된 학생에 더해 야구부 인원이 많아 동창들이 많았기 때문이다. 특히 봉천동 출신들이 약간 어려운 가정 출신이 많고 텃세가 세기도 한 듯했다. 나는 야구부 응원 등 관련 활동은 없었지만, 학교에 봉천초등학교 출신 친구들이 많아 의지가 되었다.

중학교 시절의 꽃은 땡땡이와 소풍 그리고 수학여행일 것이다. 소풍은 김포의 장릉과 왕십리, 중랑구를 거쳐 경기도 구리의 동구릉까지 갔다. 2학년 수학여행은 1977년 이리역 폭발 사고로 전면 중단되어 가지 못했다. 초등학교 때도 기차 사고로 수학여행을 가지 못했는데, 중학교 때도 가지 못하여 많이 아쉬웠다. 중학교 시절 가장 기억에 남는 것은 야구장에 가는 것이다.

선린중학교와 선린상고의 야구부는 꽤 유명해서 상위권에 들어가는 일이 많았다. 일 년에 네 개 정도의 큰 경기가 있어서 우리 야구부가 8강 정도에 들어가면 응원 연습을 시작했다. 4강부터는 서울의 장충야구장이나 동대문야구장으로 수업을 폐지하고 응원을 갔다. 우리에게는 신나는 일이었다. 또한 선린상고와 함께 있다 보니, 선린상고가 8강 이내에 들어가면 덩달아 중학생인 우리에게도 수업의 열린 공간이 생겼다. 약간의 '땡땡이'가 허용되기도 했다. 선린상고가 4강 이상이 되면 동대문 경기장에 갈 수 있었고, 야구장에는 졸업한 선배들까지 응원을 왔다.

야구장 중간 통로에는 '다라이'가 깔리고 막걸리가 부어졌다. 응원

온 모두 먹을 수 있도록 김치와 안주가 깔렸다. 선생님들도 한 잔씩 하시니 우리도 무리에 껴서 술 한잔할 수 있는 축제의 날이었다. 승부는 뒷전이었다. 대부분의 전국대회는 토너먼트 방식이라 이기면 올라가고 지면 탈락하는 방식이다. 그러나 봉황대기 야구 시합은 지역별 풀리그전이다 보니 서너 배 많은 시합을 해야 했다. 우리 학교 야구 경기가 있을 경우, 특히 학교 옆 효창구장 경기는 응원이 허용되었다. 거리가 500미터 정도이다 보니 담치기가 일쑤였다. 자연스럽게 수업이 느슨해지기도 했다. 나 또한 담치기를 숱하게 했다.

중학교 시절 수업을 마치면 몇몇이 모여서 정류장으로 갔다. 집 방향이 아닌 반대 방향으로 가서 가장 먼저 오는 버스를 타고 종점으로 가 보기로 했다. 의미도 목적도 없었다. 그냥 가서 보이는 대로 쏘다니며 보고, 놀거리를 만들어 시간을 보내다 집으로 돌아왔다. 아니면 집이 같은 방향인 친구들끼리 두 시간 거리를 걸어서 집으로 가기도 했다. 중간쯤 한강 다리가 있었다. 어느 날 수업이 끝나고 돌아오다 한강 다리를 지날 무렵, 한 어른이 신발을 곱게 벗어놓고 강물에 손짓을 몇 번 하더니 다리에 올라 곧장 물로 뛰어들었다. 멀리 있는 배의 선원이 가는 듯하여 친구들과 물끄러미 쳐다보았다. 물에 빠진 사람은 깊이 들어갔다가 떠올랐다. 허우적거리더니 수영을 하는 듯해서 뱃사람과 아는 사람인 줄 알았다. 그러나 조금 지나서 보니 "자살한 거 아냐?" 누군가 말했다. 우리는 그때 알았다. '아, 저렇게 자살을 하는구나.' 우리는 배를 향해 소리를 질렀고, 배가 물에 빠진 사람에게 다가오는 데는 시간이 걸렸다. 무사한지는 모르지만 어느 정도 시간이 지나서 배로 건져지고 나서는 우리는 집으로 향했다. 그리고 우리는 아무 말도 없었다.

중학교 2학년 때의 일이다. 국사 수업 시간이면 선생님이 교실로 들어서면 학생들은 모두 눈을 감고 암기한 것을 외웠다.

좋은 사람을 좋다고 말하면 좋은 사람,
좋은 사람을 나쁘다고 말하면 나쁜 사람,
나쁜 사람을 좋다고 말하면 나쁜 사람,
나쁜 사람을 나쁘다고 말하면 좋은 사람.

그리고 이어서 이렇게 암기한다.

금준미주(金樽美酒)는 천인혈(千人血)이요,
옥반가효(玉盤佳肴)는 만성고(萬姓膏)라.
촉루낙시(燭淚落時)에 민루낙(民淚落)이요,
가성고처(歌聲高處)에 원성고(怨聲高)라.

반드시 이걸 다 외우고 나서 수업을 시작하였다. '좋은 사람 나쁜 사람'은 수학의 덧셈과 뺄셈의 곱하기를 비유적으로 외우게 한 것이며, '금준미주'로 시작하는 한시는 변 사또 앞에서 이몽룡이 쓴 시로 조선시대의 부정부패와 비리에 대한 시대상을 읊은 시로 우리에게 큰 인상으로 남았다.

이러한 수업도 있었지만, 영어 수업은 나에게 공부에 대한 환멸을 만들었다. 숙제라는 것이 영어 노트에 모든 문장을 열 번씩 쓰도록 하였다. 처음에는 곧잘 써서 검사를 받았다. 좀 지나서 볼펜을 두세 개씩 묶어서 쓰는 기술도 익혔다. 위아래가 똑같지 않도록 위와 아래의 속도를 다르게 하는 신기술도 익혔다. 언젠가 숙제를 하지 못하고 수업에 들어간 날, 선생들은 체벌을 하는 경우 칠판을 잡으라 하고 엉덩이를 때리거나 손바닥을 대나무 자로 때리기도 하였다. 그런데 영어 선생은 망치 자루로 머리를 때렸다.

어느 날 내가 망치 자루로 머리를 맞고 나서는 영어라는 과목을 도저히 받아들이기 어렵다고 생각했다. 그 이후로 영어 공부를 하지 않겠다고 생각했다. 이후 고등학교, 대학교까지 영어는 나와 상극으로 아주 오랜 기간 만날 수 없었다.

벼락치기 공부

방학 중에 옆집 누나가 알려준 중요한 정보로 용산공업고등학교에 가게 되는 결정을 한다. 두 가지 이유였다. 국내 유일한 실업계 남녀공학이라는 것과 시험 점수가 어느 정도 받쳐줘야 한다는 것이었다. 남녀공학을 간다는 꿈과 취업이 잘 되는 학교라는 목표가 생겼으니 마음을 잡고 공부를 했다. 점수는 모르겠지만 턱걸이로 용산공고 전자과에 들어갔다.

선린중학교는 1899년 10월 23일 관립 상업학교로 출발했다. 졸업식은 전체 학생이 모여서 한다. 졸업식 축사로 오신 하얀 백발의 어르신도 30여 회 졸업생이라 하셨다. 내가 졸업할 때는 특별 축사로 인기 연예인인 사미자 선생님이 오셨다. 동기의 어머니였던 것 같다. 교장

봉천동 성복이네 집에서 어머니(오른편에서 세 번째)와 함께

선생님을 비롯해 교사들도 싱글벙글, 굽신굽신하며 연예인의 인기를 실감했다.

III. 기능올림픽 청년

용산공고

고등학교 때 동아리 활동으로 방송반에 들어갔다. 클래식 음악에 대한 열정이 나를 그곳으로 이끌었다. 그때 함께했던 김근수와 이학재와는 졸업 후 사회생활을 하면서도 자주 보는 편이다. 특히 좋았던 건 조회 때 앰프를 지키면서 뙤약볕을 피할 수 있다는 것이었다.

고등학교 1학년 2학기부터 본격적으로 기능경기대회를 준비했다. 수업을 듣지 않고 올림픽처럼 국가대표 선수 훈련하듯이 실습만 했다. 교실이 아닌 학교 실습실인 전자과 공장에서 납땜과 전자기술, 무선설비 이론을 몽둥이와 매타작으로 배웠다.

고등학교 시절, 기능올림픽 준비로 소설책 한 권, 교과서 한 권 제대로 공부하지 않고 3학년 1학기가 지나갔다. 지방 대회를 거쳐서 전국 대회에 참가하긴 했으나 기술의 문턱은 높았다. 기능반 생활을 마치고 1980년 여름부터 구로공단 전자 회사로 실습을 갔다. 회사 이름은 기억나지 않지만 천장이 높고 넓었다. 기둥과 천장은 시멘트로 마감하고 수년 동안 먼지가 쌓였고, 벽은 블록으로 만들어졌다.

봉천동 집에서 150번 신인운수를 타면 독산동으로 갔다. 가리봉오거리를 지나 구로공단은 갈색 건물과 슬레이트, 철판으로 길게 이어진 공장들이었다. 월급으로 8만 원 정도 받았다. 육 개월 다닐 때쯤, 용산공고 전자과 3년 선배로부터 연락이 왔다.

자신이 다니는 덕성여대 시청각실 조교로 올 수 있냐는 제안이었다.

용산공고 전자과 시절

두말하면 잔소리지. 바로 가겠다고 했다. 선배가 덕성여대에서 시청각실 담당으로 3년 정도 일했는데, 그곳에서 만난 여자 친구와 해외로 유학을 가기로 했다고 한다. 얼씨구나 하고 이어받기로 하고, 졸업을 하기 전 겨울 방학부터 조기 취업을 하게 되었다.

80년대 말 뒤숭숭한 시절에 무선설비기능사와 기타 자격증을 시작으로, 등본 2통과 초본 2통, 공무원용 건강진단서, 신원보증서 2통(교장 선생님과 친구 아버님인 육군 중령)과 신원조회서 등 기억이 가물가물한 20통이 넘는 서류를 냈다. 인수인계는 하루 만에 이루어지고 바로 출근했다.

여대생들만 있는 직장이라니 천국으로 가는 기분이었다. 아침 일찍 333번 삼화버스로 출근했던 기억이 아직도 생생하다. 종로3가에 내려 허리우드극장이 있는 낙원상가를 지나 우측으로 운니동 덕성여대로 들어갔다. 친구들은 대학을 간다고 했지만, 나는 대학으로 취업을 했다.

수천 명의 여대생들만 있는 곳에 교수님을 제외하고 남성은 몇 명 안 되었다. 경비 아저씨와 전기실, 보일러실 기사를 포함해서 5명 정도였다. 전기실이나 보일러실은 주로 지하에 있었다. 나는 시청각실 담당으로, 대학원 조교가 나의 사수였다. 시청각실 장비는 주로 영상 장비인 VHS 영상 재생기와 필름 영사기, 빔 프로젝터와 슬라이드기, 음성 장비인 릴 테이프 녹음기와 앰프, 촬영 기구들이었다. 대부분이 일본과 미국 제품이었다.

나의 배움과 꿈

나의 사수이며 대학원생 조교는 덕성여대 신우회, 즉 기독교인 모임의 책임자였는데, 나를 예배 모임으로 이끌었다. 2학기가 될 무렵, 많지 않은 대화 중에 나에게 대학교에 진학하기를 권했다. 고등학교 때까지 소설 한 권을 본 것이 전부인 나는 내심 대학생이 부럽기도 했다. 그러던 어느 날, 2학기부터 덕성여대 분교에 기술팀이 가야 한다고 해서 내가 지원했다. 집에서 두 배로 멀어지기는 하지만, 업무 시간이 많지 않은 곳이었다. 출근 시간을 새벽으로 하고 퇴근 시간도 늦게 하여 콩나물시루 버스도 피하고 버스 안에서 시험공부도 할 수 있는 기회였다. 나의 대학 준비는 8년간의 예비고사 기출문제집이 전부였다. 번갯불에 콩 볶듯이 공부를 했으니 점수가 높지 않았다. 1차는 떨어지고 고민이 많았다. 대학 진학을 포기하고 덕성여대에 남을 것인가, 2차라도 들어갈 것인가?

주일 예배 후 봉일교회의 초등학교 동창이 만나자고 했다.

1981년 봉일교회 친구들(아가페로스)

"성수야, 우리 학교에 올래?"

"신학대학을 갈 정도의 신앙이 높지 않아."

"신학대학에 신학과만 있는 게 아니야. 내가 보니까 우리 학교에 사회사업학과가 새로 생겨서 추천하는 거야. 나하고 같이 다니면 좋지 않겠어? 나랑 같이 다니자."

"사회복지학과라, 그렇다면 좀 생각해 볼게."

안정된 덕성여자대학교라는 직장은 나의 길이 아니다. 인간의 길, 예수의 길을 위한 새로운 선택을 하였다. 1년여 간의 교직원 공무원 생활을 접고 대학 공부를 위해 신학대학교를 선택했다.

IV. 대학 시절
— 사회를 배우고 알아가는 삶과 민주화운동

대학 시절의 시작: 낭만과 배움

대학은 부천에 있는 서울신학대학교였다. 사회사업학과에 입학했는데, 우리가 1기 입학생이었다. 졸업정원제로 20%를 더 뽑았기 때문에 합격한 것 같았다.

학교에는 신학과와 기독교교육학과, 종교음악과만 있었고, 인원은 천여 명 정도였다. 대부분 목회자나 장로, 권사 집 자녀들이었다. 나는 친구의 권유로 들어와 매우 어색했다. 수업 시간에도 늘 맨 끝자리에 앉았다.

사회사업학과의 필수 과목 중 사회사업개론이 가장 인상에 남았다. 사회사업을 생애 주기별로 보며 아동 복지와 청소년 복지, 여성 복지와 노인 복지 그리고 지역 복지와 장애인 복지를 배웠다. 복지에 대해 뭘 알고 들어온 것이 아니었지만 수업에는 열중했다.

여학생이 많았고, 지방 출신 학생이 다수였다. 남학생은 열댓 명으로, 그중 절반은 목회자의 꿈을 갖고 들어왔다. 1학기 동안은 친구와 서울 신촌과 대학로의 소극장으로 연극을 보러 다녔다. 인상에 남았던 연극은 윤정화 배우의 〈신의 아그네스〉, 만해 한용운의 삶을 그린 〈님의 침묵〉, 이문열 원작 〈사람의 아들〉 등이었다. 〈신의 아그네스〉는 아그네스라는 수녀가 사생아를 낳아 아기를 목 졸라 숨지게 한 사건을 추적해 나가는 연극이었다. 아그네스는 상대가 알려지지 않은 출산을 한 후 아이를 죽인 혐의로 법정에 설 처지에 놓였다. 리빙스턴이라는 여의사가 아그네스의 정신 상태 점검을 위해 초빙되는데, 여의사의 과학적인 입장과 수녀원장의 종교적인 입장이 충돌하며 인간의 심리를 잘 보여주었다. 나에게 '기적'이라는 화두를 던져준 연극이었다. 이문열의 〈사람의 아들〉은 신과 인간의 관계인 종교 문제를 심도 있게 다룬 작품이었다. 신학생 출신의 전도사와 제자가 사회 구원을 위한 과격한 행동을 하는 것에 대한 종교적 질문이 많았다. 신학적인 고민을 많이 하게 한 연극이었다.

어느 날 숭실대에 다니는 교회 선배가 집으로 찾아왔다. 신학대학에 들어간 것을 축하해 주러 왔다. 인사도 하고 술도 한잔했다. 선배도 대학에서 기독학생회 모임을 한다고 하였다. 몇 가지 질문을 했는데, 나는 고민 없이 살아왔다는 느낌이 들었다. 질문의 요지는 이러했다. "대학을 왜 갔냐?", "예수를 왜 믿냐?", "성경책의 표지가 왜 빨간색인 줄 아느냐?". 그러면서 성경이 우리나라에 들어오면서 많은 순교자와 희생자를 낳았기에 피를 상징한다는 말이었다. 일제 강점기 초기 기독교인들의 신앙 지키기와 독립운동의 관계도 들었다. 종교와 신에 대한 대학 생활의 화두가 되었다.

일반 대학교의 안정적인 교육 공무원 자리를 나와 대학을 선택한 이유, 기독교라는 신학을 배우고자 하는 의미, 인간과 사회에 대한 의미를 재정립하는 시간이었다. 실업계 고등학교에서 배운 노동과 기술은 노동자로서의 삶에 대한 토대와 활동을 자연스럽게 받아들이는 계기가 되었다.

지식과 실천의 확장

다음 날 잠에서 깨어보니 책상 옆에 두꺼운 A3 용지 복사물이 반으로 접혀 있었다. 출처도 없었고, 대학 4년 동안 읽을 추천 도서 목록만 적혀 있었다. '커리큘럼'이라는 복사물이었다. 얼른 몸을 일으켜 대충 챙기고 서울대학교 앞 복사집으로 갔다. 봉천동 우리 집에서 숭실대도 가까웠지만 서울대가 안전할 것이라고 생각했다. 당시 운동권의 '벽 깨기' 이후 정규 학습 커리큘럼이었다. 대체로 사회 인식 깨기는 한완상의 『민중과 지식인』, 리영희 교수의 『전환시대의 논리』, 송건호 외 『해방 전후사의 인식』, 잉게 숄의 『아무도 미워하지 않는 자의 죽음』 등으로 시작했다. 잽싸게 복사를 하고 밤에 선배 집으로 가서 돌려주었다. 이후 도서관에서 닥치는 대로 읽어나갔다.

당시 도서관은 폐가식으로, 한약방의 약초 서랍이 무수하게 달린 도서 목록함을 뒤졌다. 책의 제목과 도서 번호를 찾아 관원에게 주면, 책을 찾아다 주었다. 2주일에 5권씩 빌려 보았다. 2학기가 되어서는 "도서관 및 문헌 이용법" 강의를 들으면 직접 도서 보관실에 들어갈 수 있는 특전이 있었다. 책의 분류와 관련 책들을 직접 볼 수 있어서 더욱 편리했다. 몇 권은 옷 속으로 넣어 책 도둑질도 하여 복사를 하기도 하였다. 책을 빌릴 때마다 책의 뒤쪽 함에 책을 읽은 사람이 날인하는 것이 있었는데, 증거를 남길 수 없으니 슬쩍하여 자리 이동 후 다시 가져다 놓기도 했다. 그때는 책을 사기에는 비쌌고 구하기도 어려운 책도 많았다. 여러 번 복사를 하다가 글자가 흐려지면 다시 위에다 고쳐 쓰고 덧대어 복사의 복사본들이 많았다. 복사하기 어려운 팸플릿들은 ○○회관에서 이상돈과 함께 반반씩 나누어서 하루 종일 직접 써서 가져오기도 하였다.

학교에서는 주일 예배를 보고 나서 예배지를 가져오게 하거나 목사의 확인 도장을 받아오게 했다. 기존에 다니던 교회는 고리타분했고, 빈민 선교를 중심으로 하는 신림동 낙골교회에 다니기 시작했다. 낙골은 도시 빈민의 집합소였다. 수재민이나 철거민들을 강제로 몰아놓은 곳이기도 하다. 원래 난초가 많아서 난곡이었다가 도시 빈민들의 뼈가 뿌려진 곳으로 낙골이라 불리게 되었다.

낙골교회는 민족 복음화를 중요시하는 복음 교단의 오충일 목사님이 담임으로 있는 교회였다. 이후 기독교성결교단의 서울신대 신학과 출신들(나효우/김기돈/이상선)이 주로 담당을 했다. 빈민 활동의 교육장이자 소외된 삶의 뿌리를 찾는 배움터였다. 〈민중의 아버지〉를 작곡한 김흥겸도 함께 활동했다. 나효우 전도사와 관계가 돈독해지며, 이후 지역 서클로 이어져 흑석동 시대로 넘어가게 된다.

흑석동 학습 서클은 이화여대 이연희와 우리 학교 신학과 공수길, 이주호, 기독교교육과 박현규, 사회사업학과 이성수가 먼저 학습을 시작했다. 81학번 선배인 신학과 나효우가 조직을 했다. 학습 최고 선배는 서울대 철학과 신보연 선배였다. 주 강사는 중앙대 독문과 선배 정○○, ○○○으로 커리큘럼에 따라 번갈아 맡기도 했지만 최종적으로는 정○○ 선배가 2학년 하반기까지 맡아주었다. 처음 참여했던 인원 중 나와 박현규가 끝까지 함께했다. 학습 교재는 "우리 사회를 어떻게 바라볼 것인가?", "우리의 역사에 대한 재학습"이었다. 대학생의 기초 인식 교재로 『해방 전후사의 인식』, 박현채 외 『민중경제론』,

이영희의 『전환시대의 논리』, 사르트르의 『지식인의 변명』 등의 책들을 읽었다. 흑석동 선배의 자취방에서 매주 모여 주어진 분량을 읽고 느낀 점이나 배울 점을 토론하고, 선배가 중요하게 생각하는 것을 알려주는 방식이었다.

실천 사업으로는 흑석동 지역 교회에 참여해서 청년회와 중고등부 학생들과 함께 학습 모임을 조직하는 것이었다. 나는 서울대 기독학생회 동료와 흑석감리교회를 맡았다. 다른 친구들은 기장 교회와 순복음 교회 등 6개 교회에 들어가기로 했다. 교회에 열심히 참여하고 수련회와 학습 모임을 통해 친구들과 선후배 관계를 맺으며 많은 만남을 가졌다. 흑석동을 제2의 고향으로 여기며 동네 거리를 누볐다. 새해를 맞으며 청년회 회장 선거가 있었다. 몇 개월 만에 동료들의 추천으로 청년회장이 되었다. 그런데 감리교회에는 청년회장이 당회에 참여할 수 있었고, 청년회장 선임이 감독의 승인 사항이었다. 권리가 주어진 반면 기준도 높았다. 6개월 이상의 해당 교회 소속 기간이 필요했다. 그러다 보니 나의 청년회장 선임이 무효화되었다. 교단을 상대로 싸우기보다는 새로운 친구가 회장을 맡고 내가 물러나기로 했다. 흑석동 교회의 민주화와 진지화도 중요하지만, 흑석감리교회 청년회 기반은 선후배와 조직이 잘 운영될 수 있다고 보았다. 후배 몇 명이 우리 대학교로 입학하는 계기도 있었다. 학원 자율화로 대학 내의 활동 영역이 넓어지며 다시 대학을 중심으로 활동이 이어졌고, 동아리의 확장이 필요해서 학교로 활동 근거를 옮겼다.

2학년 초에는 일본어 강독을 했다. 2주 동안 진행했다. 기초 문법책 한 주, 강독 한 주에 마치는 과정이었다. 2주 만에 일본어를 마쳤다는 것은 지금 생각하면 이해하기 어렵겠지만, 1주에 문법책을 마무리했다. 다음 주에는 학습이 나가기 전에 스스로 원서의 단어를, 사전을 통해 찾았다. 다음 날 오전부터 선배가 원서로 읽고 바로 해석하는 방식이었다. 일본어는 일본식이 아닌 한자 말로 하고 히라가나는 일본어로 읽어가는 방식이었다. 사회과학 서적은 한자음으로 보고 최소한의 5가지 동사 구분과 부정문, 긍정문 등 최소한의 문법책으로 2주 만에 독해를 마쳤다. 머리가 꽉 찬 느낌이었다. 이후 중앙대 독문과 선배는 졸업 후 일본으로 취업했다고 들었다. 학습의 효과가 매우 높았다고 생각한다. 이후에 일본어 서적을 줄줄 읽지는 못했지만, 읽기와 최소한의 해석은 이후에도 많은 도움을 주었다. 무대리작(務臺理作)의 『현대의 휴머니즘』을 원서로 읽게 되었다.

학생 민주화운동

1982년: 반독재 민주화의 싹이 트다

서울신학대학교(전 서울신학대)의 학생 민주화운동은 1982년을 기점으로 싹이 트기 시작했다. 1982년에 접어들어 신학과 2학년을 중심으로 신학과 실천을 위한 사회학적 탐구를 모색했다. 이를 계기로 1학년들이 학습 모임을 만들어 『해방신학』과 『자본론』 등을 읽기 시작하면서 서울신학대(약칭: 서신) 학생운동사의 면동이 트게 되었다.

1983년: 움직이기 시작하다

1983년 2월, 새 학기가 시작되기 전 학교 아래의 작은 자취방에서

82학번들이 2학년이 되면서 새로운 학습 체계를 갖추게 되었다. 내부적으로는 새내기 교육을, 외부적으로는 영등포산업선교회에서 열린 각 신학대팀과 KSCF(한국기독학생회총연맹)와의 연대 모임을 구축했다. 83년 4월, 여의도 고수부지에서 신학대학 연합 체육대회가 열렸는데, 이 대회를 마치고 서울신대 학생들은 감신, 장신 학생들과 함께 스크럼을 짜고 가두 진출을 시도하기도 했다. 5월 18일에는 본관 1층 소강당에서 사복 경찰들도 들어와 있는 가운데 '광주 사태 진상 규명을 위한 기도회'를 가졌다. 83년도에는 82년도에 졸속으로 신설되어 교육 인프라가 부족했던 사회사업과에 대한 성토와 조종남 학장의 장기 연임에 대한 불만으로 간헐적인 시위가 이어지는 가운데, 사회과학 학습팀의 새내기 교육은 착실히 진행되어 갔다.

1984년: 양적인 성장

1984년에는 82학번들이 3학년이 되면서 좀 더 체계적인 84학번 새내기를 위한 학습 구조 조직을 갖추게 되었다. 84년은 좀 더 학생운동이 발달할 수 있는 외적 조건이 형성된 해였다. 학원 자율화 조치는 학생운동의 더 많은 확장을 가져왔다. 4월 초, 서울신대 최초의 공식적인 시위가 벌어졌는데, 연극부 정기 공연이 끝난 후 30명 정도의 학생이 모여 "전두환 구속, 광주 사태 진상 규명"을 요구하며 학내 시위를 벌였다. 4.19에는 소규모로 유인물을 배포하며 시위가 있었고 5.18에는 연극부에서 5.18 사진전을 열었다. 당시 학생들은 사진으로만 보는 광주 항쟁에도 큰 충격을 받았고, 운동권에서는 그 사실만으로도 큰 성과를 거둔 것이었다.

하반기 들어 전두환이 해방 후 최초로 일본을 공식 방문하려 하자 진보 진영에서 거센 반대의 물결이 휘몰아쳤다. 9월, 남대문 주변에서 전두환의 매국 방일 반대 시위가 열렸고, 그 시위에 동참한 서울신대 학우들은 청량리 등의 경찰서로 연행되어 가기도 했다. 83, 84년은 KSCF와 EYC, 각 교회 대학생 모임과 언더팀들이 광주 항쟁과 '살인마 전두환'의 실체를 깨닫고 "파쇼 타도"를 외치며 서울에서 열린 가두시위에 동참했다. 84년은 양적으로 확산되는 해였다. 참여 학생의 양적 확장과 동아리, 즉 연극부, 농어촌 선교회, 음악 선교회 등의 활동들이 일반 대중의 민주화 의식을 발전시키는 데 기여했다.

1985년: 합법적 대중 운동으로 가기 전의 활동

서울신학대학교의 학생운동의 정점을 1987년~1988년으로 본다면, 1985년~1986년은 그 절정을 준비하는 시기로서 외부적 활동도 더 활발해지는 것뿐만 아니라 학내 대중적 운동의 토대를 형성하는 시기가 되었다.

대내외적 활동으로는, 3월 말 새 학기가 시작되자마자 서울 목동에서 원주민을 내몰고 재개발이 이뤄지는 사건이 발생하자 KSCF와 신대협을 중심으로 목동 철거민 투쟁에 들어갔다. 서울신대 역시 3월 20일 오목 네거리에서 시위를 벌였다. 4.19에는 학우들 30여 명이 참여하는 강렬한 시위가 있었고, 광주 항쟁 연대 투쟁으로서 "광주 학살 원흉 살인마 전두환 처단"의 구호가 등장하기 시작했다. 10월에도 격렬한 시위가 있었는데, 시위 도중 전경의 심각한 부상이 있어서 격분한 전경들이 학교로 무자비하게 치고 들어와 학생 측에서 사과하고 연행된 학생 중 몇 명을 교수들이 직접 나서서 석방하기도 했다.

교내 활동 측면에서는 학도호국단 체제에서 총학생회로 바뀜에 따라 총학생회 준비위원회를 발족했다. 그러나 총학생회장 선거에서 운동권 진영의 후보 선출에 실패했다. 이후 총학생회장이 학생들의 민주화 요구와 열기를 잘 수용하지 못한다는 학내 분위기가 자연스럽게 이어져 2학기에 결국 총학생회 탄핵 추진 위원회가 발족되었다. 사회과학 학습 서클은 82학번의 대거 군 입대와 84팀의 와해로 내적 위기에 직면했으나, 대신 오픈된 서클의 활동은 더 활발하게 진행되었다. 각 서클(동아리)인 음악선교회, 연극부 등이 활동했다. 보수적인 선교 동아리도 있었으나, 서클연합회는 진보적인 운동원이 새롭게 만들어지면서 서클연합회도 구성되었고 농·빈민 선교회, 철학연구회, 신새벽(풍물패) 음악선교회, 연극부 등이 활동했다. 보수적인 선교 동아리도 있었으나, 서클연합회는 진보적인 운동원 동아리가 주도했다.

학생운동이나 개신교 민주화운동 모두 1985년은 중요한 시점이다. 1984년 유화 국면의 흐름을 타고 학도호국단에서 총학생회 체제를 획득한 학생운동은 전열을 정비하여 1985년 본격적인 운동에 돌입하게 된다. 광주 항쟁 공동 투쟁이 가능하게 된 때도 이 시기이다. 서울신대 역시 84팀의 와해라는 적신호를 넘어서 각 동아리 활동의 대중화가 확대되었고, 더구나 학교 운동을 되살리고자 하는 85학번들의 집결을 통해 1986년 서울신대 학생운동의 새로운 장을 열게 되었다.

1986년: 합법적 대중 운동의 전환기

1986년에 접어들면서 전년도에 탄핵된 총학생회장 선거가 있었

대학교 시절(유일한 사진)

다. 이 선거에서 총학생회장에는 양순철(철학연구회 회장)이, 서클연합회 대표는 박찬희(음악선교회)가 뽑히면서 대중적인 의식 확산의 기회가 열렸다. 이는 85년 동아리 대중적 활동을 꾸준히 지속해 왔기 때문에 얻어진 성과였다. 내부적으로는 운동 구성원의 재생산이 확대되는 시기로서, 대외적 활동을 벌여나갈 수 있는 역량을 확보하는 시기였다. 또한 군대 갔던 선배 학번들이 속속 복학하면서 총학생회와 각 서클이 서울신대 학생운동의 중심이 되었고, 전신연(전국신학생연합회), 전대협(전국대학생대표자협의회), 부천, 인천 학생운동에도 주도적으로 참여한 시기였다.

대외적으로는 3, 4월에 대규모 학내 시위가 있었고, 특히 4월 28일 서울대생 이재호·김세진 열사가 전방 입소를 거부하는 가두시위 도중 "반전 반핵"을 외치며 온몸을 불사른 이후 교내에서도 "반전 반핵, 양키 고 홈!"을 외치며 격렬한 시위를 벌였다. 특히 5월 3일 학생,

노동자, 시민 등 5천여 명이 '신민당 개헌 추진 위원회 경기/인천 지부 결성 대회' 시작 전에 경찰과 충돌하며 격렬한 시위를 벌였던 소위 '인천 5.3 운동'에도 20명 가까운 서울신대 학우들이 박찬희 서클연합회 대표, 총학 사회부장 김성현 등을 필두로 시위에 참여했다.

또한 5월에는 신학과 85학번 강두희를 중심으로 신입생들이 문무대 입소 거부 투쟁, 2학년들의 전방 입소 거부 투쟁이 있었고, 5.18 때는 광주 항쟁 비디오(영화 〈택시운전사〉에 나오는, 독일 방송 기자 위르켄 힌츠페터가 찍은 그 영상)를 KSCF, EYC를 통해 빌려와 소강당에서 상영했다. 형사들이 이를 알고 비디오를 압수하려고 학교를 무차별적으로 진압해 들어와 학교의 기물 파손 등 손실이 있었다. 6월에는 권인숙 성 고문 사건의 실체가 알려져 교내에서도 대자보가 붙어 서울신대 학우 모두의 공분을 샀다. 당시 중동역 부근의 부천 남부 경찰서를 항의 방문했는데, 시위 참여 인원이 천 명 가까이 되어 학교에서 경찰서까지 도보 시위하는 인원이 거의 연결될 정도였다. 8월에는 목동 철거 반대 시위, 이어 삼민투(민족통일 민주쟁취 민중해방 투쟁위원회 전국학생운동연합) 발족식과 이에 따른 시위 등에 참여했다.

1987년: 6월 항쟁의 열기를 넘어

1월 박종철 고문치사 사건, 대통령 직선제를 위한 개헌 운동과 관련된 논쟁을 종식시키고 기존 헌법을 고수하겠다는 전두환의 4.13 호헌 조치, 이어 5월에 천주교 정의구현사제단의 박종철 열사의 죽음이 조작되었다는 발표가 있자 전 국민의 사악한 정권에 대한 분노가 들끓었다. 결국 이 분노는 유월 항쟁의 도화선이 되고 야당, 재야,

학생들의 민주대연합이 비약적으로 발전하게 된다. 교내에서는 4.13 호헌 조치에 반발해 14일 채플 후 '호헌 철폐를 위한 서울신대 기도회'를 가졌고, 이어 약 30명의 학생이 단식 농성에 들어갔다. 18일 금요 채플 이후 단식 농성을 마무리하며 집회를 가졌는데, 약 400명이 참여해 가두 진출을 시도하기도 했다. 5.18 때는 인부대협 활동으로 성심여대와 함께 광주 망월동을 방문, 전남대에서 연합 추모 집회를 가졌고, 5월 말에는 고대에서 전대협 수도권 출범식에 참여하기도 했다.

신군부 독재 정권은 대학생들과 시민들의 민주화 열기에는 아랑곳하지 않고 6월 10일 민정당 전당대회에서 노태우를 제13대 대통령 선거 후보로 뽑았다. 이에 앞서 5월 27일 발족한 민주헌법쟁취국민운동본부는 같은 날, 국민 합의를 무시한 4.13 호헌 조치의 무효와 "이 땅에 진정한 민주 헌법을 확립하고 민주 정부를 세우기 위해 온 국민이 평화적인 모든 수단과 방법을 동원할 것"이라며 독재 정권과 정면 투쟁을 선언한다.

교내에서도 학생들이 6월 10일부터 부평역 집회에 선도적으로 참여하며 본격적으로 유월 항쟁의 거대한 흐름에 뛰어들었다. 학교 수업을 마치는 오후 5시 즈음, 본관의 빈 강의실에서 오늘은 어디로 갈 것인지를 정한 다음 함께 서울 혹은 인천으로 야간 집회에 참여했다. 학생들과 부평역이나 서울역 현장에 도착해 간단하게 저녁 식사를 해결하고 밤늦게까지 "호헌 철폐, 독재 타도"를 외치며 최루탄 터지는 거리를 누볐다. 그리고 밤 10시 정도에 모여 귀가하고 다음 날 또 다른 곳으로 집회에 참여했다. 더러 밤늦게까지 집회에 참석하다가 경찰서에 붙잡혀 가 다음 날 오후에 훈방되는 경우도 있었다. 그래도 다시 학교로 가 학생들과 함께 다음 날 집회에 참여했다. 시간이 지나면서 일반 학생들이 늘어났다. 우리는 개인적으로 지역의 시위에 참여하거나 총학생회 주관의 시위에 함께했다. 이런 일이 26일 '민주헌법쟁취 대행진'에 이르기까지 약 20일간 천 명이 넘는 인원이 참여하여 '직선제 개헌 민주화 촉구'를 위한 거리 집회·시위·농성 등이 계속되었다.

특히 22일에는 서울 강남에 있는 성결교단의 본부인 성결회관에서 성결교 젊은 목사들과 서울신학대학 학생들 100여 명의 연대로 시국기도회를 하고 선릉역으로 거리 진출을 시도한 후, 50여 명이 성결회관에 남아 3박 4일간 점거 농성에 들어가기도 했다. 이 일은 유월 항쟁 중 강남에서 일어난 최초의 시위로 일간지에 보도되기도 했다. 학우들의 시위 참여가 점점 범위가 넓어지고 인원이 늘어나자 학교에서 정상적인 수업과 기말고사가 힘들어졌다. 학교는 6월 중순경 기말고사를 과제물로 대체한다는 발표를 하게 된다. 서울신대의 6월 항쟁은 30여 명의 학우가 1987년 6월 9일에 최루탄에 맞아 숨진 이한열 열사의 '민주국민장 장례식' 참여로 마무리된다. 6월 항쟁 기간 동안 서울신대는 성심여대와 함께 연대하여 인부천, 전대협과 함께 지역 집회, 서울 집회에 조직적으로 참여했다.

여름 방학이 지나고 2학기로 접어들면서 학교는 총학생회를 중심으로 학내 민주화 투쟁으로 전환했다. 학생의 정치 참여 금지 교칙 개정, 총장 선출 방식의 민주화 쟁취, 등록금 인상 시 학내 구성원들과 협의하도록 하는 등의 내용을 가지고 학교 측과 협상을 벌였다. 대외적으로는 대통령 선거에 즈음해 야당 후보에 대한 비판적 지지와 후보 단일화 논쟁이 있었는데, 몇 번의 토론 끝에 후보 단일화로 뜻을 모으게 되었다. 이후 종로 5가 기독교백주년기념관에서 후보 단일화 철야 농성에 참여하기도 했다. 선거 당일에는 학우들이 참관인으로 각 고향으로 내려가 부정선거 방지 운동에 참여하기도 했다.

1988년: 학생운동 전성기

88년 총학생회와 총여학생회를 운동권에서 장악하여 총학생회 산하 '광주 학살 원흉 처단과 조국의 평화와 자주적 통일을 위한 특별위원회'를 설치하고 각종 학내 시위를 주도했다.

4월 28일 학교에서 인대협 주관으로 '고 김세진·이재호 열사 2주기 추모 집회'가 있었는데, 기존의 부천 경찰서 소속 전경이 아닌 수원 한신대를 담당하던 전투력 왕성한 전경들이 와서 학내 시위 전력에 큰 피해를 입었다. 이들은 교내에 진입하여 최루탄을, 건물을 향해 마구 쏴 유리창이 많이 깨지는 등 건물 피해가 상당했다. 도서관과 대강당에 전경이 최루탄을 쏴서 스테인드글라스에 구멍이 뚫리고 유리창이 깨졌으며, 다수의 학생이 부상당했다. 일부 교수(목창균)까지 전경에게 멱살 잡히는 일도 일어났다.

이틀 뒤 이에 대한 보복으로 총학생회 사회부장을 중심으로 7~8인이 화염병을 준비해 대보 시장의 동원극장 부근 소사파출소를 공격했다. 정문의 경찰 마크가 소실되고 유리창이 파손됐다. 당시 파출소를 지키고 있던 2~3명의 경찰은 화재가 나자 도망가기에 바빴다. 서울신대와 부천경찰서가 '주고받는' 상황이 된 것이다. 총학생회 차원에서도 학내 진입에 대한 항의와 권인숙 사건에 대한 항의로 1,200명이 넘는 학생들이 부천경찰서를 항의 방문하기도 했다.

여름에는 전대협을 통한 학생운동이 절정에 달했다. 8월 10일 서울대 김중기 학우가 제안한 '8.15 남북 학생 회담 성사 및 남북 공동 올림픽 개최를 위한 범시민 학생 결의 대회'에 참가하기 위해 서울신대 학우 20여 명이 연세대에 모였다. 이들은 낮에 집회를 하고 밤에는 도서관에서 숙식하며 거의 10일 동안 '8.15 민족 해방제 및 출정식', '8.15 남북 학생 회담 원천 봉쇄 규탄 대회 및 통일 염원제' 등 집회를 가지며 버텼다. 중간에 문익환 목사가 방문해 연설하기도 했다.

특히 7월 말에는 전신연(전국신학생연합회)과 연대하여 서울신대에서 최초로 총학생회 사회부 주최로 농촌 봉사 활동을 실행했다. 전북 김제로 기차를 타고 간 10명 남짓의 학우들은 일주일 동안 낮에는 농사를 짓고 밤에는 주민들과 소통하고 토론하며 학습하는 일과를 보냈다. 그리고 금요일 저녁에는 그동안의 활동 보고와 작은 축제의 밤을 보내기도 했다. 신학대 중 서울신대가 성실함에서 높은 평가를 받았다.

9월에는 '전두환 이순자 구속을 위한 결의 대회' 집회가 있었는데, 이때 신대원생이 체포되었다. 이 소식을 들은 세종병원에 있었던 전경을 체포해서 상호 맞교환이 이뤄지기도 했다. 그때 전경들이 교내로 진압하러 들어오면서 도서관, 총장실, 강의실까지 폭력적인 침탈이 이루어졌다. 이에 격분한 서울신학대학교 총학생회와 원우회가 부천 경찰서로 매일 출근 투쟁도 벌였고, 부천 경찰서장이 채플에 직접 와서 사과하기까지 하였다. 이후 전반적으로 2학기 말이 되면서 올림픽이 열리고 학교는 투쟁의 소강기에 접어들게 된다.

총학생회와 동아리연합회는 정파가 다르더라도 서로 협력하였다.

87년 대통령 선거 방침으로 각 정파가 다르게 활동했다. 주요 핵심 간부들이 밤샘 토론을 통해 '후보단일화'로 결론을 냈다. 대학 생활은 여기까지다. 부천민주헌법쟁취국민운동본부의 선배로부터 인천부천민주노동자회와 연결선을 갖게 되었다. 인천으로, 송림동으로 존재를 이전하며 본격적인 공장 생활을 준비하였다.

* 참고: 82학번 임성규, 최장원, 이성수 그리고 84학번 고성휘와 김은환이 만나 80년대를 회고한 것을 김은환이 정리하고 빠진 부분을 약간 추가했다.

영혼을 땅에 묻다

군대의 애환

개나리와 진달래가 산을 물들였다. 바다는 말이 없었다. 제대를 앞두고 내무반을 정리한다. 제대를 위한 회식은 길게 이어졌다. 깊이 묻어 두었던 책은 휴가 때 집으로 가져갔다. 올 때처럼 가고자 했다. 군대 물품은 몽땅 남겨두고 가리라. 다시는 군대를 기억하고 싶지 않았다. 사회생활을 할 때 다시 군 생활의 꿈을 꾸는 것은 악몽이었다. 군대를 다녀온 대한민국의 젊은이라면, 장년이라면 누구나 느끼는 장면일 것이다. 수배를 피해 경찰에 쫓기는 꿈만큼이나 악몽이었다.

군 생활에 마음과 영혼을 비우게 된 계기는 논산 연무대에서였다. 3주 훈련을 무사히 마치고 취침 시간이었다. 우리 중대만 비상이 걸렸다. 팬티 바람으로 연병장 집합이다. 시작은 '모기 밥 주기'였다. 기상

후 뛰어나오는 동안 흘린 땀에 맨몸으로 양팔 간격 자세는 모기를 불러 모으기에 충분했다. 영문도 모른 채 앞으로 취침, 뒤로 취침이 이어졌다. 이어진 PT 체조는 사람의 혼을 뺐다. 훈련소 조교가 소리쳤다.

"밤에 화장실에 대변 보고 물 안 내린 놈 나와!"

침묵이 이어졌다. 다시 앞으로 취침, 뒤로 취침이 이어졌다. 야간의 별들만 총총했는데 우리들은 지쳐갔다. 훈련도 아닌 얼차려를 끝내고 싶었다. '나라도 나서 볼까' 하는 마음이었다. 내 앞의 동료가 일어나 손을 들었다. 얼차려가 멈추고, 손을 든 친구가 앞으로 불려 나갔다. 조교의 손이 동료의 뺨을 올려 쳤다. 얼마의 시간이 지나지 않아 조교가 소리쳤다. "화장실에 물 안 내린 놈이 둘이야!" 다시 얼차려가 시작되고 중간에 쓰러지는 동료가 생겼다. 결국 내가 손을 들고 앞으로 나갔다. 손을 든 둘만 남고 얼차려는 마무리되었다. 우리는 연병장을 열 바퀴 돌고 하루를 마감했다.
　4주 훈련이 끝나고 조교와 함께 마지막 회식이 있었다. 술과 안주가 어느 정도 돌고 나니 조교가 나를 불렀다.

"지난주 화장실에서 물을 안 내렸냐?"
"아니요."
"왜 나왔었냐?"
"얼차려를 끝내려고요."
"군대 요령을 알려줄까?"

"군대에서는 나서는 게 아니다. 그냥 훈련이고, 군대는 명령으로 움직이도록 훈련할 뿐이야!"

몸서리치게 군 생활을 알아차렸다. 명령에 움직이고 머리를 쓰지 않도록 하는 것이 군 생활이다. 전쟁이 아니더라도 명령으로 땅을 파라고 하면 땅을 파는 시늉이라도 해야 했다. 그래야 군대는 돌아가기 때문이다.

군대라는 조직은 까라면 까고, 시키는 대로 명령하는 대로 움직이도록 만드는 곳이다. 어떠한 상황에서도 명령대로 움직이도록 하여, 명령에 대한 다른 생각을 하지 못하게 하고, 즉각 반응을 요구하는 곳이다. 전쟁 상황이 벌어졌다고 하면 명령대로 움직여야 한다. 어떠한 명령과 무모하고 답이 없는 "돌격 앞으로" 할 때. 누군가 외친다. "저는 배가 아파서 못 올라가겠습니다", "지금 올라가야 하나요?", "우리가 불리한데요, 꼭 가야 하나?" 이럴 수는 없지 않은가. 명령에 살고, 명령에 죽게 만드는 군대 생활에서 머리와 가슴, 영혼을 분리하여 군 생활에 적응했다. 주어진 상황에 맞게 시간을 보내는 수밖에 없었다. 몸뚱이는 상급자의 몫으로 하고 정신이 흐트러지지 않도록 붙들어 매야 했다.

정신의 감시, 수양록

80년대 나의 군 생활은 시국이 심상치 않을 때였다. 대한민국의 군인들은 젊은 청년들이었다. 민주화운동이나 학생운동 출신들도 군대로 들어왔다. 시대가 시대이니 강제 징집된 친구들도 있었다. 전방에서는 총기 사고가 났다는 소식도 종종 들려왔다. 군 의문사 소식도 대학 친구를 통해 들려왔다. 군인들의 정신 감시와 무장을 위해 두 가지가 진행됐다. '맑시즘 비판', '제3세계 비판', '해방신학 비판' 등의 책자 10권을 읽고 5분 발표를 시켰다. 초년병들의 정신 상태를 파악하기 위해 수양록(修養錄)을 쓰게 했다. 매일 일기를 쓰게 하고 감시하는 것이었다.

　10분 발표는 순조롭게 진행되었다. 하루에 두 개도 발표해서 조기에 마무리했다. 90%는 요약 정리하고 5%를 비판 정리하면 되어서 어렵지 않게 끝냈다. 상급자들을 위한 요약본도 만들어 주었다. 주요한 주제어를 만들어 이어 붙이는 방식이었다. 책자를 요약 정리하며 주요 용어를 정리하는 시간이 되었다. 이후 외부 책을 읽기 어려워졌지만 종교 서적은 무리가 없었다. 그래서 민족 종교와 타 종교에 대한 서적을 많이 읽으며 군 생활을 통해 종교학을 수료했다.

　일반 훈련 생활이나 경계 근무보다는 행정병과 작전병으로 중대장 전령을 하다 보니 사무실 근무가 주 업무였다. 고등학교 시절 배운 전기와 수공구 사용은 군부대와 관사의 시설 관리도 도맡아서 했다. 나의 임무 중 하나가 일반 병사들의 일기를 읽고 정신 상태를 점검하여 보고하는 것도 주된 업무였다. 일반 병사들은 하루하루 일기를 수양록에 강제로 써야 했다. 수양록을 점검하는 것은 정신 상태와 군 생활 적응 정도를 파악하는 것이었다. 점검은 정훈 장교의 몫이었지만 실제로는 행정병이 정리했다. 그러던 중 정신 상태가 환상적인 병사를 보았다.

　얼마 지나지 않아 휴가 중에 비상이 걸려서 중대장과 함께 보안대로 불려 간 적이 있다. 우리 중대의 휴가병이 동네 포장마차에서 친구들과 술을 먹다가 "김일성 만세"를 불렀다는 것이다. 경찰서에서 보안대로 이첩된 병사였다. 중대장은 깨지기도 하였지만 휴가병의 수양록과 그동안의 점검 보고서를 보안대에 보냈더니 별 탈 없이 영창 몇 개월 후 의가사 제대를 했다. 나의 수양록 점검 보고서의 이상 징후로 정상적인 군 생활이 불가능하다는 것이 약간 증명된 듯해서 다행이라고 생각했다. 이상 징후 병사의 수양록 내용을 요약하면 '우주인을 만난 것', '예수와 대화한 내용', '사후 세계에서 부모님을 만난 이야기'로 아주 구체적이지는 않았다. 일반적으로는 상상이 불가능한 내용들이 많았다.

나도 당연히 수양록을 써야 했다. 나의 수양록은 진정으로 수양하는 마음으로 썼다. 가슴으로 쓰는 것이 아니라 창작의 수필을 써나가는 것이었다. 수양록을 쓰는 이유를 아는데, 곧이곧대로 쓸 수는 없었다. 나의 수양록을 볼 사람이 없었지만 만에 하나 무슨 일이 생길 수도 있으니, 수양록을 위한 글쓰기를 했다. 한문을 많이 섞어서 쓰기도 하고, 영어를 최대한 많이 활용하기도 했다. 일기 한쪽에는 종교학 공부를 요약 정리하기도 하며 수양록을 완성해 갔다. 군대를 제대하며 한 가지를 가지고 나오고 싶었던 것은 수양록이었다. 그러나 제대하기 전에 페치카를 통해서 하늘의 기억 장치에 올려놓았다. 종종 하늘을 보면 수양록 생각이 난다. 하늘로 보낸 수양록이어서인지 구름에 수놓은 듯 정성을 들여서 쓴 수양록이었다. 구름을 보다 보면 수양록의 글이 드러나 보일 때가 있다.

V. 민중의 바다 인천, 노동자가 되다

시행착오

공장 생활을 해야겠다고 마음먹은 것은 신보연 선배와 신학과 윤관영 선배의 영향이었다. 신보연 선배는 계양구 작전동 남일금속에 다니면서 주말에 잠깐씩 찾아보았다. 계양구의 들길을 걸으며 학교생활과 이후 진로에 대해 이야기했다. 윤관영 선배는 검정고시 출신으로 노동야학을 통해 신학교에 들어왔지만 뜻이 맞지 않아 중퇴하고 노동 상담소 비슷한 곳에서 활동했다. 윤 선배로부터 노동계급과 민족의식을 많이 배웠다. 박종만 열사 추모 사업회에서 상근을 하며 양화대교 건너편 절두산 성지에 있는 마리스타수도원을 몇 번 찾아가 보았다. 공장생활을 한다면 철저히 노동자가 되어야 한다는 것, 노동자로서의 기본 계급 자세와 기풍은 윤관영 선배가 모범이었다.

민주헌법쟁취국민운동 부천 본부를 자주 찾으며 석왕사 사람들을 만나 인천으로 내려왔다. 우리 학교에서 최장원과 살 곳을 물색하다 송림동 사랑방교회 근처로 왔다. 송림4동 꼭대기 철탑 아래 집이었다. 보증금 20만 원에 월세 3만 원짜리 단독주택으로, 벽과 집 사이를 블록 벽돌로 막아서 방을 만들었다. 연탄으로 난방을 하고 연탄불 위에 물통을 데워서 온수를 썼다. 비키니 옷장과 사과 상자만으로 생활을 했다. 최장원과 함께 지냈다. 연탄불이 꺼지면 주인집에서 밑불을 빌려오거나 번개탄을 사용해 불을 지폈다. 그동안 추위에 떨어야 하는 상황이었다. 보온이 되지 않는 벽은 바람만 막아주는 정도였다.

공장을 찾기 위해 부평 공단과 주안 5, 6공단으로 나섰다. 공단 입구에는 취업 게시판이 있었다. 나는 전자 회사를 선택했다. 장원이는 야외에서 비료 공장 설비를 만드는 곳으로 정했다. 그때는 아직 주민등록을 옮기지 않아서 봉천동 동사무소에 가서 주민등록등본을 복사해 내야 했다. 그런데 등본 원장에 병력 관련 기록에 군 면제 내용이 있었다. 결국 공문서를 위조(수정)하기로 했다.

1988년 여름, 주안 5공단에 있는 평국전자에 입사했다. 스피커를 만드는 회사로 재미있게 다녔다. 대부분 여성 노동자가 많았다. 80여 명 정도였고 남성은 출고된 제품을 박스에 담아 창고에 쌓는 일을 했다. 전기 설비를 볼 줄 안다고 컨베이어의 속도를 조정하기도 했다. 남성 노동자 후배는 키는 작았지만 씨름을 해서인지 허리 힘이 좋았다. 중학생 정도의 키에 50kg가 넘는 스피커를 옮기는 재주가 있었다. 후배와 조장만 큰 스피커를 옮길 수 있었고, 나는 엄두를 내지 못하다 두어 달이 지나서 요령을 배워 들어 볼 수는 있었지만 나에게는 무리가 되었다.

3개월 정도 지나서 조장이 면담을 하자고 해서 사무실 한쪽의 상담실로 갔다. 조장은 나를 소개만 해주고 나갔다. 키는 중간 정도에 단정한 옷차림으로 수수하게 생긴 중년의 남자였다. 자신은 정보과 형사로 잠깐 이야기를 하자고 한다. 평국전자에는 학생 출신 여성이 있었는데 몇 번 만남을 했고, 몇몇 여성 동료들이 모임을 하고 있다고 했다. 다음 주 정도에는 점심시간에 식당 밥을 문제 삼아 식판을 엎자고 했다. 나도 동참하기를 원했지만 나는 시기상조라고 했다. 아직 준비가 안 되었다고 생각했다. 이럴 때 정보과 형사가 보자고 하니 떨렸다.

나에게 협박이나 의심의 눈초리는 없었으나, 나를 주의 깊게 보고 있으며 여러 정보가 나에게 모이는 것을 알고 있다고 했다.

며칠 후 조장과 과장의 차에 실려 천안의 독립기념관으로 납치당하고 이후 도망치듯 평국전자를 그만두었다. 준비 없이 벌인 파업 시도는 작은 모임과 역량을 잃게 되는 잘못이 컸다. 보다 준비된 역량을 마련해야 한다는 생각을 하게 되었다.

우성중공업, 노동조합을 만들다

청천동으로 이사를 하고 1990년에 부평 미군 부대 옆 우성중공업에 입사했다. 크레인을 만드는 회사로 인천제철과 남동 공단의 중소형 공장에 들어가는 크레인과 호이스트를 설치했다. 처음 면접을 볼 때는 용산공고 전자과 출신이라는 것의 덕을 보았다. 인천에서는 인천기계공고 출신과 맞먹는 입사 대우였다. 회사에 입사하고 나니 용접사 중에 나이는 하나 위였지만 친구처럼 지내는 유경종이 있었다. 강원도 춘천 남면 출신으로 키도 크고 술 잘 마시고 의리 있는 동지였다. 춘천 출신 후배인 김대성과 총무과에 경종의 친구도 있었다. 동진 기계 출신 친구와 함께 있다 보니 친구가 여럿 생겼다. 처음 모임은 축구 모임이었다.

축구 모임은 인원이 많다 보니 결합력이 좋았다. 회사의 업무가 수십 톤이 넘는 크레인을 만들다 보니 일도 협동의 정신이 많이 구현되었다. 설비팀과 용접팀의 호흡이 중요했다. 설치를 위한 출장도 많아 서로 화합하는 모습이 좋았다. 전기는 내가 도맡아 하다 보니 출장을 가도 나도 따라가게 되고 기계팀과의 호흡을 함께할 때가 많았다. 시설

인천지역사회운동연합 수련회(우성중공업 조합원들과 함께. 1991년)

팀은 설계도대로 철판을 절단하고 각도를 맞추는 일을 했다. 시설팀은 크레인의 심장인 호이스트와 크레인 몸체를 조립하고 설치를 중심으로 한다. 도비팀은 조립과 해체를 하고 운반할 때 상차 작업을 도맡아 했다. 위탁받은 공장에서 다시 조립을 할 때에도 도비팀의 하차와 조립은 크레인과 와이어를 매는 기술이 돋보이는 작업이었다. 최후의 작업은 도장팀으로, 조장과 여성 노동자들이 샌딩과 부분 도장을 맡아 했다.

CNC팀은 선반과 밀링, 자동 절단과 절곡을 하는 고가의 장비를 다루는 팀으로 소수 정예였다. 이들과 특별히 친하게 지낼 수 있었던 것은 장비가 고장 나면 모두 나의 몫이었고, 고가 장비의 수리를 외부에 맡기지 않고 내가 대부분 해결했기 때문이다. 용접기도 아크 용접기에서 플라스마 용접기, 자동 CO_2기 등 다양한 용접기의 조정과 수리가 나의 업무였다. 그럼에도 크레인의 메인 판넬 제작이 주 업무로, 사람으로 따진다면 뇌에 해당하는 부분을 맡았다. 애프터서비스(A/S)도 전기실의 담당으로 설계팀보다는 현장의 전기기사 3명이 담당했다. 김학풍은 현장 경험이 나보다 많았고 가정적인 사람으로 출장은 인천 내에서만 나갔다. 당연히 지방 출장은 나의 몫이었다. 조수로 전순길이 있었는데 성실하고 근면했다. 나를 잘 따르기도 하여 외부 행사나 출장 갈 때 내부 공장 일을 맡았다.

전체 인원은 80명 정도로 대부분 남성이었고, 도장부에는 나이가 지긋하신 여성 선배님들이 있었다. 도장팀 조장님은 늘 도장을 하기 전에 얼굴 전체에 구루무(바셀린)를 꼼꼼히 바른다. 살갗이 노출되지 않도록 발라야 하며 도장 후 묻은 페인트는 알코올로 씻어야 한다.

크게는 중공업팀에서 크레인을 만들고, 기계팀은 컨베이어를 만든다. 크레인팀이 20톤 이상의 큰 제품을 만들 때는 검단의 야외 작업장에서 이루어진다. 세부 부품은 남동 공단의 작업장에서 이루어지지만, 조립은 검단 야적장을 중심으로 만들어져 출하한다. 검단 작업장과 남동 공단 공장의 이원화된 작업으로 작업 인원들이 별도의 모임을 진행하기 좋았고, 현장에서 퇴근을 하니 끼리끼리 식사나 축구, 족구를 하기 좋았다. 팀워크도 좋았고 이전 사업장부터 이어지는 연고 관계가 높아 핵심 인물을 중심으로 모임을 구성하기에 좋았다. 특히 30대 초중반의 친구들이 작업의 든든한 허리 역할을 맡았다.

먼저 중공업팀은 부평 동아아파트 건너편 우성중공업으로 시작했고, 지금은 우성아파트와 욱일, 청보, 한국아파트 중간에 있다. 30명 정도의 인원으로 전체가 일사불란하게 움직이며, 팀워크도 좋아서 축구를 하더라도 거의 빠짐없이 참여했다. 나이가 많은 동료들은 응원을 하며 막걸리 한잔하는 기분으로 참여했다. 주 6일제 근무일 때는 일요일에 축구 모임을 했다. 청천중학교를 중심으로 진행했는데, 가까운 공장 축구팀이나 지역 축구팀들이 연합하여 함께 하다 보니 청천·산곡동 활동가들도 많이 보게 되어 서로 친하게 지냈다. 안재환 선배나 김재용 선배, 김명종 선배도 참여하여 거부감 없이 대화도 많이 하고 동네 이야기와 노조 이야기도 간혹 하면서 지냈다. 시절이 시절이고 모임 구성도 축구팀과 족구팀으로 서로 섞이기도 하고 시합도 자주 하게 되어 친밀도가 높았다.

축구는 비가 와도 눈이 와도 진행되었다. '운동장이 꺼지지 않는 한 축구는 계속되어야 한다'는 마음으로 빠지지 않고 모임을 했다. 입사한 지 6개월 정도 지나서 회사 측 제안으로 노사협의회가 만들어졌고, 나는 사무장을 맡았다. 사무직 총무과에서도 축구를 했는데, 감시조는 아니고 서로 고향 친구로 나이도 나와 비슷해서 친구처럼 지냈다. 총무팀 소속인 친구는 늘 노동자 상황을 회사 측에 이야기할 것을 알고 대응을 했다. 회사의 임원과 친인척 관계인 것도 알고 있었다. 그리고 회사 측과 노동자 측 사이에서 중간 다리 역할과 정보를 유통하는 '창고장'인 백길동이 있었다. 길동이는 축구를 참 잘했다. 덩치는 작았지만 야무지게 공격보다는 수비에 능통했고 힘이 좋았다.

축구 모임을 통해 야유회도 가고, 인사련 모임에도 함께 가기도 했다. 인사련과 영종도 수련회 모임에서 배운 율동은 월미도에서 박수를 받았다.

10여 명이 영종도로 야유회를 갔다. 족구하고 점심을 하며 술도 한 잔씩 하고 율동을 배웠다. "삼천만 잠들었을 때 우리는 깨어 배달의 농사 형제 울부짖던 날~"로 시작하는 〈농민가〉는 노동자의 율동으로 사박자 춤이 되었다. 김진호, 유경종, 김대성, 김영남, 조병완, 이낙운, 박귀석 형과 오천식 형 등도 함께했다.

월미도 선착장에 도착해서는 그냥 가기 아쉬워 맥주와 막걸리, 소주를 사서 해변가로 갔다. 일요일 저녁이 되어 가로등이 켜지고, 횟집 간판과 카페의 간판이 무대가 되었다. 놀이공원의 음악과 비명 소리도 사람들을 흥분시키고 즐겁게 했다. 거리의 미술가와 기타를 둘러멘 가수의 노래가 흥을 돋우고 있었다. 술잔이 돌다가 배운 율동을 함께하고 〈농민가〉를 중심으로 사박자 춤과 삼박자 춤을 추었다. 길거리 공연처럼 했다. 둘러앉아 〈늙은 군인의 노래〉를 〈늙은 노동자의 노래〉로 바꿔 부르기도 하고, 〈철의 노동자〉, 〈바위처럼〉, 〈불나비〉 등 일반인들도 아는 노래를 함께 부르며 월미도에서 공연을 하고, 관객들로부터 박수도 많이 받았다. 함께할 때 무서움도 떨치고, 동지애도 용기도 북돋아 줄 수 있었다.

도망친 적이 있어서, 더는 도망치지 않았다

1991년, 우성중공업 공장이 삼익악기로 인수합병(M&A) 되면서 우성기계와 합치게 되었다. 남동 공단에 함께 자리를 잡게 된다. 남동 공단 입구 좌측은 우성중공업, 건너편은 이문수가 있는 동양이화였다. 그 뒤로 진흥과 창성이 있었다. 셋 다 먼저 노동조합이 있었고 곧이어 우리가 노동조합을 만들게 된다.

우성중공업을 중심으로 노조원 모집을 하고 퇴근 후 옛 공장 주변의

짜장면집에서 창립 대회를 했다. 노조 설립을 위해서는 위원장이 중요했는데, 대부분의 조합원은 김진호를 생각하고 있었다. 지도력도 있고 말에 권위가 있었다. 나이 많은 선배들의 애정도 높았다. 기술력이나 친화력도 매우 높았다. 그런데 고사했다. 유경종과 선배 몇 명이 함께 만나 설득했지만 위원장보다는 뒤에서 돕기로 했다. 김진호의 형이 다른 공장에서 노조위원장을 하다가 많은 고초를 당한 것을 알게 되었고, 집안에서도 많은 우려를 하여 이해하기로 했다. 그렇다고 뒤에만 있지는 않고 고문격으로 항상 집행부와 함께했다. 그래서 위원장에는 기계팀의 금상섭이 맡고, 사무장은 내가 맡았다. 유경종은 투쟁 부장이다. 유경종과 김대성은 고향 선후배로 의리가 있었다. 투쟁에서 앞장서며 물러섬이 없었다. 단순하면서도 늘 깔끔했다. 의리의 사나이였다. 나보다 김진호가 브레인 역할과 판단력이 좋았다. 늘 선배처럼 현장의 지도를 잘 해주었다. 김진호가 이야기하면 선배들도 잘 따라주었다. 김진호와 유경종이 총대를 메고 선배들을 설득하고 회유에 넘어가지 않도록 했다. 기계팀의 위원장 외에도 박귀석 선배가 있었다. 원칙도 강하고 전투력도 최고였다. '한때는 도망갔었지만 이제는 도망칠 수 없다. 피하지 말자'는 마음으로 모든 것을 걸기로 했다.

드디어 결전의 날이다. 위원장 금상섭과 투쟁 부장 유경종이 노동부에 노조 설립 신고를 내러 갔다. 우리는 아침 통근버스에서 내리자마자 공장에서 집회를 했다. 전날 계획대로 내가 마이크를 잡고 경과보고와 노조 설립의 정당성을 알리는 자리였다. 철문 두 개를 잠그고 집회를 하는데, 11시 정도가 되어 위원장과 투쟁 부장이 돌아왔다. 접수를 했다고 보고 대회를 하고 오전 집회를 마치고 식사를 했다.

오후가 되어 나에게 기술 이사가 면담을 하자고 한다. 현장의 모든 기술적인 면을 맡은 총책임자다. 친절하기도 하고 현장에 대한 이해도 높았다. 서너 시간 정도 면담을 한 듯하다. "왜 노조를 만들었냐?", "뭐가 문제냐?", "노사협의회가 부족했냐?", "노사협의회의 문제를 해결하면서 진행해도 되지 않느냐?" 그동안 노사협의회도 나쁘지 않았다. 법적인 보호막은 노동조합이다. 이사님이 개입하실 일이 아니다. 근로 조건 개선과 단체협약을 맺고 정당하게 노동조합을 인정해야 한다. 임직원에게 이사님이 설득해 달라고 당당하게 이야기하고 자리를 나왔다.

나는 전투력이 높지는 않지만 노동조합 설립 이유와 노동3권의 권리 보장에 대한 정신 무장이 흔들릴 사람은 아니었다. 그럼에도 기술 이사(서울공대 출신으로 나이가 지긋함)와의 대화를 마치고 나오면서는 가슴이 콩닥콩닥했다. 내가 대화하는 것과 현장을 나와 있는 동안 다른 사건이 만들어지지 않을까 노심초사했다. 기술 이사와 내가 왜 이렇게 흔들림 없이 역설득을 하려고 했는지 지금도 납득이 가지 않는다. 그날은 작업이 진행되지 않고 작업장 정리와 공구 정리를 하면서 퇴근을 했다. 함께 퇴근의 중간 지점인 간석오거리에 내려서 삼겹살집으로 가서 내일 일을 협의했다.

노조를 만들면서 도움을 받은 사람은 김명종 선배이다. 80년대 초에 경신공업에서 노조를 만들다 해고되고, 후반에는 주안 경금속에서 노동조합을 설립하다가 해고를 당했다. 경험도 많고 도시산업선교회의 김근태 선배 지도를 받았던 분이다. 저희 조합원들에게 존경을 받았다. 청천중학교 축구 모임에도 함께했다. 중공업 쪽 동료들은 서로 아는 사이이기도 했다. 노조 관련 일 외에도 생활상의 어려움도 같이 고민해 주었다. 그리고 진정추(진보정당추진위원회) 쪽 오주옥 님이 있었다. 서로 정파가 다르더라도 현장에서는 조합을 중심으로 결정하고 서로 긴장감은 있었던 것 같다.

노조를 설립하고 다음 날이 되자 창고장 백길동을 통해 회사 측의 정보가 들어왔다. 우리 노동조합에 학생 출신이 있고 전과가 있는 사람이 있다는 정보였다. 사기, 폭력 등 여러 정보가 들어왔다. 가장 특이했던 것은 조합 위원장이 학생 출신이라는 것이었다. '이게 뭔 소리야? 내가 아니라 금상섭 위원장이 학출이라니. 당연히 나여야 하는데….' 나는 드러나지 않았다. 임시 집행부 회의가 열렸다. 위원장의 사정을 듣게 되었다.

위장취업

위원장이 자신의 학생 출신 전과에 대해 이야기했다. 가족사와 함께 아버지의 운수회사를 하다가 사기당하고, 임시 사업주로 있다가 또 사기를 당하다 보니 그러한 상황이 이해가 되었다. 쉬는 시간을 통해 집회를 하고 조합원들에게 위원장이 직접 설명했다. 나의 학력은 소수의 집행부만 알고 있었는데, 학생 출신 문제는 그렇게 지나갔다.

나의 학생 출신 비밀은 축구나 회식 후 술안주로 이야기하는 것으로 특별히 거부감 없이 지나갔다. 공개적인 것보다는 집행부 회의와 단체 협상을 준비하면서 소규모로 설명했다. 기본적으로 용산공고 전자과를 나왔고 실력은 그런대로 밀리지 않을 정도였으니 망정이지. 대학을 중퇴한 것이 무슨 잘못이겠는가. 대학교가 나를 받아주지 않은 것은 당신들 손해지, 노동자들로 보면 지원군이 아니겠는가?

노조를 설립하고 임금 협상과 단체 협상은 일사천리로 진행되었다. 우리 노조의 단결력은 기술의 전문성만큼 비례했다. 투쟁뿐만 아니라 생산 일정을 소화함에도 탁월한 능력을 발휘했다. 기술력 향상을 위한 노하우를 공유하고, 기술 전수를 위해 비밀 노트를 정리해서 공유하도록 했다. 코사인, 탄젠트 등 함수를 이용해 기술 공학적으로 정리하여 누구나 쉽게 이용할 수 있는 기술 노트를 만들었다. 전기팀에서는 고등학교 때 배운 유·무선설비와 전기 전자기술의 원리를 현장에서 발생할 수 있는 문제를 중심으로 풀이 노트를 만들었다. 기술의 상향 평준화를 위한 노력을 했다. 경험을 통한 노하우를 글과 문서로 정리하여 돌려보도록 했다. '짬밥'을 글로 만들어 준 것이다.

내가 현장과 친하고 고가 장비를 비롯해 온갖 설비를 외부의 도움 없이 수리할 수 있는 기술력은 용산공고의 기능반 훈련 덕분이었다. 내가 다닐 때 인천제철과 광양제철소의 증설이 한창이었다. 1987년 4월 첫 쇳물이 나오기 시작하여 알루미늄 공장과 스테인리스 등 부가가치가 높은 공장들이 증설했다. 출장도 많았다. 노동조합에 대한 탄압은 거의 없었다. 회유나 협박이 통할 수 없었다. 임금 협상이나 단체 협상은 남동 공단 내에서는 타의 추종을 불허했다. 우리의 경쟁 상대는 현대제철이나 대우자동차, 코리아스파이서 정도였다. 그러나 라인 작업과는 달리 '난장 현장'은 팀원들의 조직력과 단결력이 생명이어서 핵심 조합원들의 응집력과 친화력은 내가 지도하는 것이 아니라 김진호와 유경종의 의리와 단합력이 출중했다. 내가 배워야 할 점이었다. 친화력과 함께 현장을 장악하는 능력은 나에게 모범이 되어 충실하게 배워나갔다.

울산 출장과 노동의 교훈

울산으로 출장을 갔다. 출장을 갈 때 최대한 공구와 재료들을 챙겨 가지만, 출장 지역에서 부족한 부품이나 공구를 구해야 할 때가 있다. 울산 공구 상가로 점심시간을 이용해 현지 조달을 나갔다. 공구상을 찾았으나 주인이 없는 곳이 많았다. 종업원이 있는 곳이 눈에 띄어 찾아갔다. "○○○ 있어요?" 종업원은 얼굴을 돌리며 우리를 빤히 쳐다만 본다. 눈짓으로 유리창을 가리킨다. 매직으로 쓴 종이에는 '12:00부터 13:00 점심시간'이라고 쓰여 있었다. 공구상이나 철물점에 점심시간이라니 믿기지 않았다. '점심에는 장사를 하지 않다니, 이런 데가 다 있네?' 인천과 서울에서는 못 보던 풍경이었다.

그때 생각했다. '이래서 울산이 노동자들의 도시구나.' 종업원도 당연히 점심시간을 당당히 휴식 시간으로 지켜내는구나. 공구 상가의 상점들도 '업무 시간에 업무를 보도록 하며 휴게 시간을 지키도록 했구나'라는 생각이 들었다. 인천에서도 언젠가는 이러한 점심시간이 휴게 시간이 되어야겠다고 생각했다.

노조 설립 한 달 전부터 노조 설립 후 두세 달은 밥도 제대로 먹지 않고, 잠도 자지 않아도 될 정도로 빠르게 흘러갔다. 목욕탕에 가서 몸무게를 재보니 10kg가 빠진 듯하다. 긴장 속에서 살다 보니 하루하루 버티는 삶이었다. 날로 여위어 갔지만 정신은 말똥말똥했다. 술기운과 정신력으로 버틴 석 달이었다. 보는 사람마다 걱정이라고 한다.

어느 날 검단 공장으로 중형 견이 들어왔는데 복날을 맞이하여 먹잇감이 되었다. 원적산 효성동 골짜기와 지금의 청천동 물놀이장 주변은 영양탕을 팔기도 하고 잡기도 할 수 있었다. 개를 잡아 손질하던 이가 나의 손바닥에 녹색의 쓸개(달걀노른자같이 생긴 것)를 올려주고, 소주잔을 내민다. 입에 털어 넣자 쓴맛이 확 올라온다. 토할 뻔했다. 목으로 넘기고 소주를 마셨다. 이렇게 쓴맛은 처음이었다. 그러나 효과는 다음 날부터 나타났다. 밥맛이 돌고 식사량이 엄청 늘었다. 이삼 주 지나 몸무게가 늘기 시작하더니 두 달이 안 되어 원 상태로 회복되었다. 나에게 영양탕, 보신탕은 이후에도 건강식이 되었다. "경종아, 고맙다."

새로운 운동을 위하여

노동조합이 얼마 지나지 않아 전기실로 누가 찾아왔다고 순길이가 연락했다. 전기 설계팀으로 새로 기사가 인사차 왔다고 한다. 전기실을 찾아오니 새로 온 기사가 "어" 하고 놀라자 나도 "어" 하며 대답을 했다. 나의 사촌 동생이었다. 여기서 창우를 볼 줄이야. 참으로 멀기도 하고 가까운 인연이었다. 거기서야 형식적인 인사로 마무리했다. 전화번호를 교환하고 축구장에서 함께하며 이야기를 나누었다. 창우는 운동신경도 뛰어나고 축구를 포함해 운동을 좋아했다. 악으로, 깡으로 살아온 인생 이야기를 들었다. 이사도 많이 다니고, 전기 쪽 특히 설계 분야와 PLC 분야에 실력이 깊었다. 현장 노동자들과도 비슷한 또래가 많아 친하게 지내게 되었다. 사무실 쪽이라 하더라도 현장과의 친밀도나

우성중공업 조합원들과 김명종 선배(왼편)

기본 계급적 심성과 사회 인식도 함께할 수 있었다. 현장 동료들도 함께하며 잘 지냈다. 이후 내가 노동조합과 회사 생활을 마무리하고 나온 후에도 현장과 긴밀하게 지냈다.

노조 집행부와 핵심 노동자 중 알 만한 사람들은 내가 선진 노동자인 것을 알고 있었다. 노동조합 설립 후 1년 반이 지날 시점이었다. 노동조합은 견실했고, 지도부의 결정력이나 외부와의 회의 체계도 잘 짜여져 진행되고 있었다. 우성중공업은 삼익악기 내에서 주도적인 노동조합으로 다른 노조의 모범이 되었다. 단체 협상의 내용이 높은 수준이 아니더라도 노조의 인지도나 회사와의 관계 설정도 협상력과 단결력도 잘 지켜내고 있었다.

노동운동 선배와 인천한겨레민주노동자회에도 새로운 운동을 하기로 하고 우성중공업을 떠나게 되었다. 이후 김명종 선배와 함께 조합 축구부와의 인연을 길게 이어갔다. 우성중공업과 우성기계 노동조합을 이어주는 데는 이창우의 친화력도 한몫했다. 나는 노동조합 활동에 있어서 할 수 있는 것은 여기까지라고 생각했다. 노동조합 활동은 현장 노동자들의 몫이어야 한다고 생각하고, 당사자 중심의 운동이 되어야 한다.

VI. 사회복지 현장
— 배움과 성장의 기록

사회복지 그리고 새로운 시작

　새로운 운동을 결정하고 우성중공업을 나왔다. 그러자 온몸이 아프기 시작했다. 잠을 잘 수가 없었고, 온몸에 열이 나고 쑤셨다. 특히 시위를 하면서 다쳤던 왼쪽 무릎을 디딜 수가 없어 엉엉 울었다. 그동안 쌓였던 긴장이 빠져나가며 며칠을 쓰러져 있었다. 열흘이 지나서야 외부에 나갈 수 있었다. 한의원에도 가고 영양탕과 몸에 좋다는 음식을 찾아 먹었다. 회사를 나오며 받은 퇴직금으로 학교 등록금을 해결했다. 퇴직금이 약간 남아 있었지만 그냥 놀 수 없어 생활비를 벌기 위해 현장 '노가다' 전기 일당을 소개해 주는 인력 소개소에 갔다. 현장 전기 노동자와 함께 일용직으로 일하며 빌라 건축 현장이나 공장 설비 전기 공사로 새로운 기술을 배우며 지냈다.

　10여 년 만에 학교에 와서 보니 나보다 어린 교수도 있었다. 후배 중에는 나를 교수로 알고 있는 친구도 있었다. 사은회나 중요 행사에서 나의 자리를 교수와 함께 마련해주기도 했다. 특별 대우가 아닐 수 없다. 같은 학번의 친구들은 사회복지 현장에서 나름대로 대우를 받으며 자리를 잡고 있었다. 나는 복지 현장에서 새카만 후배에 지나지 않았다.

　사회복지학과에서는 두 번의 학기 동안 사회복지 실습을 해야 했다. 나는 인천으로 사회복지 실습을 나갔다. 첫 실습은 기독교대한감리회 유지재단 세화복지관이었다. 대학교 후배인 한상진 과장이 있던 그곳에서 종합사회복지관 실습을 했다. 부장님으로는 김정택 목사님도 함께 계셨는데, 인천의 도시산업선교회와 민중교회인 산마루교회를 운영했던 분이다. 공장 생활과 사랑방교회를 다니며 인천기독노동자회와 가까이 지냈던 터라 나에게 많은 애정을 보였다. 이후 복지관에 취업을 할 때도 많은 도움을 주셨다.

마지막 학기 실습을 마치고 나니 걱정이 앞섰다. '늦은 나이에 졸업을 하고 사회복지사 자격을 취득한다고 사회복지 현장에 취업을 할 수 있을까?' 정무성 교수님과 상담을 했다. 정 교수님은 숭실대를 졸업하고 서울대 대학원에 들어간 독특한 이력이 있는 분이었다. 상담을 하며 방안으로 대학원에 들어가는 것이 좋겠다는 조언을 들었다. 대학원 과정을 마치면 약간의 공백을 줄일 수 있지 않겠냐는 방안이었다. 대학원에 가려면 영어를 해야 했다. 중학교 때 포기한 영어책을 다시 펼쳤다. 영어와 담을 쌓은 지 하도 오래되다 보니 그래도 절반은 이해할 수 있는 『기초 영문법』이라는 한 손에 쏙 들어오는 책부터 시작했다. 단어 외우기는 『보케블러리 22000』을 잡았다. 녹음테이프를 숱하게 들었다. 나중에 대학원에 가지는 않았지만, 그때의 노력이 영어를 하는 데 많은 도움이 되었다.

여름 방학 중 두 번째 실습은 세화복지관에 등록은 했지만 대한성공회 유지재단의 성미가엘종합사회복지관과 함께 사회복지 실습을 했다. 세화와 미가엘 두 복지관이 컨소시엄 형태로 준비했던 '추모의 전화'였다. 생활보호대상자들의 상조를 무료 장례로 진행하는 것이었다. 그때는 인천에 장례식장이 인천의료원과 길병원, 세브란스병원 장례식장 정도였다. 대부분 가난한 사람들은 집에서 장례를 치렀다.

장례 비용도 폭리가 심했다. 인천의 인구가 138만 명 정도이고 한 달에 600명 정도가 죽음을 맞았다. 장례식장에서 장례를 치르는 경우가 절반이고, 종교계가 나머지 3분의 1을 담당했다. 나머지 백여 명 정도의 장례는 집에서 치렀는데, 당시 전화번호부에 있는 장의사의 수가 98개였다. 장의업을 하는 업체가 한 달 평균 한 번꼴로 장례를 진행하였기에 폭리가 있을 수밖에 없었다.

사람이 상을 당하면 알고 있는 장의업자가 없으면 전화번호부를 찾아서 연락하게 된다. 전화가 중요했다. 그때 삐삐가 나왔다. 홍보 전단지를 만들고 연락처로 삐삐 번호를 넣었다. 장의용품은 미가엘복지관에 두기로 했다. 상조 절차와 장례 의식을 별도로 배우는 학원이 없었다. 종교별로 내부자 육성 코스가 있었다. 그러던 중 성남에 '추모의 전화'라고 지역의 노동자 조직에서 시작했다고 들었다. 성남에 있는 산업별 노조인 건설노동조합협의회 노조 위원장을 지낸 분과 국회의원 출신이 함께 운영하고 있었다. 선례로 하고 있으니 서너 번 찾아가 상조 의례와 절차, 인천에 자리 잡기 위한 조언을 구했다. 또한 사회복지 현장에 접목하기 위한 사례를 인천에서 찾기 위해 종합 장의용품점인 은혜사를 찾았다. 박순남 사장님은 나를 희한하게 보았다. '왜 젊은 놈이 장의업계에 뛰어든 거야' 하는 표정이었다. 그럼에도 염사도 소개해 주고, 노령의 의사 선생님도 연결해 주셨다.

'추모의 전화'

그러던 중 성미가엘종합사회복지관의 천경배 부제 겸 부장님이 나에게 제안을 했다. "미가엘복지관에서 '추모의 전화'를 해 보겠냐?" "저야 고맙지요. 그런데 제가 나이가 좀 있어서 현재 있는 사회복지사보다 나이가 제일 많은데 괜찮겠습니까?" "미가엘 직원들과 협의를 먼저 해주시지요." 얼마 지나지 않아 '오케이 사인'이 떨어졌다. 다양한 복지 영역이 있지만 상조를 주요 프로그램으로 하는 것을 일반 사회복지사가 진행하기는 쉽지 않았을 것이다. 그래서 나는 먼저 인턴으로 성미가엘종합사회복지관에 입사하게 되었다. 선임 복지사들은 7~8년 이상의 경력자들이 많았다. 강남대와 성공회대학교 출신들이었다.

'추모의 전화'를 준비하며 미가엘복지관의 천경배 부제와 세화복지관의 김정택 목사님의 권유로 신촌에서 생산자 협동조합 교육을 받았다. 생산자가 중심으로 법인격을 받고 생산자가 주인인 기업을 만드는 것이었다. 장례 의식 절차를 배우기 위해 성남으로 가고, 밤에는 신촌 성결교회에서 생산자 협동조합 훈련을 받았다. 늦깎이 졸업을 하고 사회복지사 1급 자격을 받고 성미가엘종합사회복지관 정직원이 되었다. 복지관은 자유공원 꼭대기에 있다. 모기관은 성공회 내동 교회였다. 조금환 신부님이 관장으로 계셨다. 주로 천경배 부제가 복지관 일을 도맡아 했다. 조금환 신부님은 철도기계공고 출신으로 기술 노동자를 거쳐 성공회대학교를 통해 신부가 되셨다. 그래서인지 공고 출신인 나와 공감대가 높았다. 특히 복지관과 교회의 시설 관리가 나에게 맡겨졌고, 복지 사업과 건물 관리에 힘썼다. 신부님이 보실 때 복지 사업뿐만 아니라 주민과의 교감과 시설 관리 능력을 인정해 주셔서 사회복지사로 받아주셨을 것이라 생각한다.

상이 발생하면 가장 먼저 해야 할 일은 택시를 타고 복지관으로 가는 것이다. 수시 용품을 챙겨서 상갓집으로 간다. 가장 중요하게 챙겨야 할 것이 노란 조등이다. 이는 임창정이 나오는 영화〈행복한 장의사〉를 보면 잘 나온다. 그때 당시에는 일반 가정집에서 장례를 많이 치렀다. 가장 중요한 것은 장의업자 누구라도 조등이 걸려 있는 곳에는 우선순위가 조등이었다. 장례가 발생하면 전화번호부에 있는 많은 업자에게 전화를 하기 때문이다. 조등을 설치하면 의사 선생님에게 전화를 걸어서 사망 진단을 받아야 장례 절차를 진행할 수 있다.

정년이 없기 때문에 의사 선생님은 노령으로 은퇴한, 노련한 분들이 많았다. 용돈벌이로 하시는 분들이었다. 그러면서 염사에게 연락을 하면 1시간 안에 염사까지 오셔서 수시용 옷으로 갈아입히고 칠성판 위에 모시게 된다. 칠성판을 사용하는 이유는 겨울에는 온돌로 바닥이 따뜻해서 부패가 빠를 수 있고, 여름에 바닥에 눕히는 것은 예의가 아니기에 벽돌 세 장을 구해 가로로 놓아 칠성판에 눕히게 된다.

다음으로 중요한 일은 상가에서 실세(실질적인 결정권자)를 찾는 것이다. 이것이 가격 결정에 가장 중요한 포인트이다. 또한 실세가 어떤 종교를 가졌느냐에 따라 장례 절차와 용품들이 정해지기 때문이다. 사망자의 배우자나 큰아들, 큰딸인 경우가 많다. 그럼에도 복병이 나타나 장례용품이나 절차가 엉망이 되지 않기 위해서 밤을 새야 하는 경우도 많았다. 주로 어르신이 돌아가시는 경우는 저녁 시간인 경우가 많다. 그래서 항상 삐삐를 켜두어야 해서 늘 긴장 상태로 준비했다. 그리고 나서 종교가 정해지고 염습 용품과 가족 수에 맞게 완장과 머리끈, 상례 용품을 정해야 한다. 주로 생활보호대상자나 가난한 노동자들의 상을 치르다 보니 삼일장이나 이틀 장으로 하면 첫날 준비가 많다. 새벽에라도 종교와 염습 시간을 결정해야 장의용품과 화장장 예약을 해야 한다. 그래야 발인까지 결정을 하게 된다.

종교가 결정되면 병풍을 치게 되는데, 가톨릭과 기독교는 성화나 성경 구절이 있는 병풍을 사용하고, 전통 유교식이나 불교 의식에서는 한자가 쓰인 것으로 하면 무난하다. 한자 병풍은 추사 김정희 선생의 글씨였다. 장례용 병풍은 앞뒤로 사용하면 어떠한 종교에도 가능하도록 만들어져 있다. 그럼에도 상주 가운데 실질적인 상주를 찾기 위해서는 종교 형식을 물어보며 실질 상주 찾기를 신속하게 진행해야 한다.

실습의 날이 왔다. 공장 생활을 하며 나를 잘 따르던 후배의 아버님 상이 났다. 퇴근 전이었지만 부장님께 말씀드리고 부리나케 십정동 달동네로 쫓아갔다. 상정초등학교 앞 구멍가게 집이었다. 안방에 모셨다. 염사가 오셔서 수시를 하고 계셨다. 조등 달기를 하고, 수시를 마치기를 기다렸다. 염사와 함께 장의용품을 정리하고 은혜사로 전화를 드려 주문을 했다. 도로에 천막을 쳤다. 탁자와 테이블을 설치하고 석유 히터를 켰다. 천막 옆 공터에는 19공탄을 얼기설기 쌓고 번개탄을 지폈다. 이틀 밤을 태워야 하니 족히 50개는 넘었다. 불이 꺼질 만하면 새로운 연탄을 올려놓으면 아래는 알아서 깨지면서 열기를 돋운다. 상갓집 천막이 골목에 쳐지면 차가 지나갈 수 없었다. 그래도 오던 차도 알아서 돌아가는 게 서로의 도리였다. 상갓집 조등과 함께 천막은 지나가는 사람들 모두에게 '함께 살아가는 현장'이자 마을의 일이었다.

우성중공업 조합원들이 퇴근과 함께 몰려왔다. 2년 만에 보는 얼굴들이 반가웠다. 우성기계 쪽 금상섭 위원장에서 중공업팀의 박귀석 조합장으로 바뀌어 있었다. 위험하고 힘난한 길을 박귀석 선배가 맡아서 든든했다. 낙운이와 친구들도 보면서 장례 절차를 유심히 살폈다. 서류와 풍문으로 들었던 조문 절차와 상갓집 전반의 배치를 살폈다. 밤늦도록 고스톱을 치며 천막에서 하루를 보냈다. 아침에 복지관에 갔다가 몇 가지 장례 관련 서류와 책자를 살피고 다시 낙운네 상갓집으로 실습을 갔다. 소렴과 대렴 시간은 오후 1시였다. 염습은 주로 홀수 시간에 한다. 염습 용품을 정리하는 것을 도우며 자세히 살폈다. 염습 진행은 염사가 하고 나는 보조로 들어갔다. 두려운 생각보다는 실습을 하는 마음으로 보니 덤덤했다. 예를 차리고 먼저 염사와 함께 고인에게 절을 올렸다. 후배의 아버님이기도 하고 첫 실습을 할 수 있게 해준 죽음에 감사의 예를 올렸다.

염습은 한 시간 정도 진행되었다. 쌀쌀한 날씨에도 염사는 땀을 흘린다. 촘촘하게 대렴까지 마치면 상주를 들어오게 한다. 어머니와 낙운이의 형제자매가 들어와 망자에게 노잣돈을 꽂기도 한다. 그렇게 노잣돈을 주지 않아도 된다고 했지만 망자를 앞에 두고 이를 말릴 수는 없었다. 어느새 노잣돈을 정리한 염사는 입관 의식을 거친다. 입관을 하고 망자 위에 다라니경이 덮이고 관을 닫는다. 붉은색 바탕에 금색 한자가 쓰인 불교식 입관보가 덮였다. 운구를 위한 묶음과 손잡이가 만들어졌다. 다시 병풍이 쳐지고 조문을 진행한다. 이틀째 천막은 불야성이었다. 동네 구멍가게 주인장의 죽음은 마을 사람들의 조문을 받으며 마무리되었다.

생활보호대상자 무료 장례 '추모의 전화'를 통한 생산자 협동조합을 만들기 위한 복지 사업은 자리를 잡아갔고, 새로운 기획으로 '어르신 무료 식당'을 만들기로 했다.

복지관 선거와 행정

성미가엘종합사회복지관은 성공회 유지재단으로, 관장은 성공회 신부님이었다. 복지부장은 신부 서품을 받기 전인 부제의 지위를 가지고 있었다. 1994년 6월, 부제에서 신부로 서품을 받고 다른 교회로 옮기게 되었다. 부장 자리가 공석이 되고, 새로 오는 분이 복지 업무보다는 교회 쪽만 맡게 되어 부장의 공백이 길어졌다. 신부님이자 복지관 관장님이 월요 정례 직원회의에서 과장을 내부에서 승진시키는데 선거로 뽑겠다고 하셨다. 시간은 일주일간으로 "여러분들 내에서 좋은 사람을 뽑아주길 바란다"며 조회를 마쳤다. 제일 복지 경력이 높은 친구는 8년간의 다른 복지관 경력 4년에 미가엘에서의 경력도 2년으로 가장 경험과 경력이 높았다. 나머지 친구들은 성공회 쪽 사회복지학과를 나와서 미가엘복지관 경력으로도 4~6년의 경력직들이었다. 특수교사들도 비슷한 경력을 가졌다. 나이가 제일 많았지만 복지 경력은 내가 제일 적었다. 나의 친구가 중간 정도로 복지 경력을 가지고 있었다. 일주일간 서로 견제와 이합집산의 눈치 게임이 시작되었다. 직원들 간의 술자리와 점심시간을 활용한 관계 맺기와 보이지 않는 선거전이 벌어졌다.

전체 복지직과 특수교사 직원의 '행정복지과장' 직을 두고 선거를 했다. 과반수로 내가 행정복지과장이 되었다. 신부님이시며 복지관 관장님의 의도가 있는 선거, 보이지 않는 기도의 힘 때문이었으리라. 그래서 선거로 복지관 승진을 한 이력은 인천을 넘어서 복지계에서 유일한 일이었을 것이다. 그만큼 성공회의 민주성이나 개방성은 타의 추종을 불허할 정도였다. 내가 과장이 되어 다른 복지기관이나 복지관 연계 업무에 나가게 되면서 많은 사람의 부러움과 함께 소문이 돌았다.

성공회 신부이시면서 관장이신 조금환 신부님이 다른 교회로 옮기게 되고, 교회의 장로급 운영 위원인 유재성 관장님이 부임하셨다. 인천시청을 정년퇴직하고 건강보험공단 대표를 거쳐 복지관 관장으로 오신 것이다. 박정희 대통령이 인천시청이 중구에 있을 때 방문했던 일화도 이야기하셨다. 지금은 중구청이지만 그때는 중구청이 인천시청으로 있었다. 구월동으로 이전을 하고 나서 중구청이 된 것이다. 중구의 인천시청을 방문하기 위해 자유공원과 시청 건물의 경비는 삼엄해졌고 철저한 대비를 했다고 한다. 그런데 문제는 자유공원의 비둘기였다. 보기에는 좋을지 모르나, 만에 하나 인천시청과 자유공원 맥아더 동상, 한미 수교 100주년 탑을 지날 때 비둘기가 하늘에서 똥으로 공격하지 않을까 노심초사한 이야기다. 비둘기 전문가를 시청으로 초빙해서 대책 회의를 했다. 비둘기가 싫어하는 전파를 발사할 것인지, "비둘기가 빨간색을 싫어한다"고 해서 건물 옥상을 통째로 빨간색으로 칠할 것인지 청와대와 협상하기도 했다고 하셨다. 최종 결정은 방문 기간 동안 자유공원의 비둘기를 통째로 잡아서 영종도로 이주하는 방안으로 결정했다고 야사를 들었다.

인천시청에서는 총무과장을 역임하며 인천시청이 중구에서 구월동으로 이전하는 일을 맡아서 하셨다고 한다. 중구청 간부로부터는 매우 부담스러운 관장님이 오신 것이다. 모든 서류의 결재는 행정복지과장인 내가 맡아야 했다. 전임 조금환 신부님이 관장으로 계실 때에는 설렁설렁하던 서류가 군대의 행정병 시절로 돌아갔다. 그어진 눈금의 각과 모서리의 빈틈이 없어야 했다. 관행으로 내려온 법령은 올릴 때마다 확인과 확인을 거쳐야 했다. 그래도 실수가 있으면 사인을 하지 않으셨다. 빨간 줄과 글자는 문제가 있는 곳에 그어져 있었다. 나의 실수다. 빨간색 글자가 있는 반려 문서를 받아야 했다. 사회복지 행정을 진행하면서 공무원 행정 처리를 배우게 되었다. 좀 더 확실하게 두 번이고 세 번이고 교정과 확인 절차를 통해 완성도 높은 문서를 만들기 위해 노력했다.

연말이 되어 예산을 최종 집행해야 했다. 깐깐하기가 하늘을 찌를 듯하신 유재성 관장님 아래에서 예산 집행은 어려웠다. 남은 예산의 사용을 위해 예측해 보았지만 가능하지 않았다. 남은 예산은 반납해야 한다. 구청과 협의하니 "남는 예산 없도록 사용하라"고 한다. 관장님은 반납을 지시하고, 구청에서는 반납금이 없도록 하라고 하니 어찌할 바를 모르겠다. 부장님과 지혜를 모아, 수정 변경 예산을 통한 내용을 만들어 절충안으로 예산을 집행하도록 했다. 구청에서도 고위 공무원 출신의 선배가 직접 상대하기보다는 중간 관리자인 나만 양쪽에서 갈팡질팡하며 다양한 방법을 구상하면서 회계 처리와 예산 집행을 배우게 되었다. 구청 공무원보다 관장님이 더 어려웠다.

회계와 재무 관련해서는 엑셀이 나오기 전에는 도표와 계산기로 하였다. 엑셀이 나오지 않았을 때는 '로터스 123' 프로그램을 배웠다. 수작업으로의 오류를 획기적으로 개선한 프로그램으로 회계에서 신세계였다. 결산을 먼저 정리하여 기초를 다지고 나서 예산을 미리 짜본다. 계정 과목과 입출금을 맞추고 나서 다시 쓰기도 했지만, 전산 프로그램을 통한 연동형 회계 정리는 환상이었다. 계산기와 합산은 소계와 중계,

합계로 변하면서 계정을 넘나드는 인간적인 실수가 많았다. 회계 전산 프로그램의 유용성을 철저하게 깨닫게 되었다. 수작업의 오류를 전산 처리 프로그램의 덕을 톡톡히 본 셈이다.

일주일 이상 장부와 계정 과목 결산서를 마무리하며 밤샘 행정은 나중에 회계의 기초와 처리에 많은 도움을 주었다. 예산을 집행함에 우선순위와 회계의 본질을 배우는 계기가 되었다. 다양한 복지관이 있지만, 복지관의 행정과 회계는 매우 높은 수준으로 회계 규정이 한 권의 책으로 만들어져 전국이 한 가지 매뉴얼로 만들어졌다. 매우 자세하고 실제 사용 사례 등이 포함되어 있어 치밀하게 만들어졌다. 이후 자활 사업이 시작하고 시민단체와 종교계에서 많은 실무자가 자활 행정을 정착할 때 나의 복지관 행정과 회계에서 배운 바가 도움을 줄 수 있었다. 인천 지역 자활의 총무님과 실무자들의 행정 상향 평준화를 위한 복지관의 행정 노하우가 빠르게 정착되었다고 생각한다. 그때의 실무자들이 향후에 실장과 센터장으로 정착하는 데 행정의 통일성과 전문성이 도움이 되었다고 생각한다.

국민의 기초생활을 보장하라

2000년은 대한민국의 국민이라면 최소한의 생활을 보장받는 시기가 마련되었다. 이전까지는 국가가 국민을 긍휼히 여겨서 어려운 사람을 보호해 주는 '생활보호법'이었다. 자신의 어려움을 스스로 증명해야 했고, 통장이나 구청 공무원의 도움이 많이 필요했다. 동네의 기득권층의 입김이 매우 중요하게 작용하기도 했다. 행정직 공무원이 복지 업무를 돌아가면서 하다 보니 기준도 천차만별이었다.

외환 위기 이후 실업자와 빈곤층을 지원하기 위해 '국민기초생활보장법'이 1999년 9월 7일 제정되어 2000년 10월 1일 시행되었다. 사회복지 제도의 대혁신이 이루어졌다. 두 가지 측면에서 획기적인 변화라고 생각한다. 첫 번째는 빈곤과 가난에 대해 빈곤층이 "스스로 증명해야 하는 것"에서 "국가가 빈곤층의 지원이 필요하지 않다"를 증명하지 못한다면, 대한민국 국민 누구라도 최소한의 기초생활을 보장해야 한다고 국가의 책임을 우선하는 제도다. 노동법의 최저임금제와 같이 대한민국 국민 누구라도 최저 생계비와 최저 생활이 가능해야 한다는 것이다. 두 번째로는 사회복지 전문 공무원 제도다. 그동안 행정 공무원의 법적 해석과 적용이 전문직 공무원 채용으로 질적으로 높아졌다는 점이다. 계약직이나 별정직 복지 공무원을 전문직으로 승격하여 하나의 직렬로 편입한 것이다. 일괄적인 전산 기준이 확립되어 국민 누구나 자신의 재산과 수입 상황을 대입하여 가능 여부를 확인할 수 있었다. 막걸리와 고무신의 생활보호법이 갖는 공공 기능의 오류와 행태를 전문직으로 공공 기능이 상향 평준화되었다. 생활보호대상자라는 국민을 대상화로 보는 것이 아니라 국민이라면 누구나 최소한의 생활이 보장되도록 하는 법의 시행이 이루어졌다.

부평자활, 우리들의 성자

자활(自活) 사업을 하며 집수리 사업단을 맡은 적이 있다. 자활 사업은 국민기초생활보장법의 수급자 중에서 근로 능력이 있는 사람들의 자활 능력을 높이는 것이다. 자활은 재활(再活)과 다르다. 재활은 다시 활동하는 것으로, 특히 장애를 지닌 이들의 사회적, 직업적, 신체적, 정신적 가용 능력을 최대한 회복시키는 것이다. 선천적 장애와 후천적 장애에 따른 손상을 사회적, 정신적, 신체적으로 적응과 보강을 통해 사회적 역할과 기능을 회복시킨다.

자활은 주로 경제적 활동의 자립을 지향한다. 근로 능력이 있는 저소득층이 스스로 자립할 수 있도록 능력 배양과 기능 습득을 지원하고 근로 기회를 제공하는 사업이다. 복지 서비스로는 어르신과 유아 돌보미, 장애인 활동 보조, 공공기관이나 복지기관의 인력 보조 등이 있다. 그러나 좀 더 높은 기능이 필요한 사업은 사업비와 시설 장비비를 지원한다. 주로 재활용 사업, 세탁, 택배, 집수리 등 매출을 유지할 수 있도록 하며 기간에 제한을 둔다. 몇 명의 사람이라도 공동체나 사업체로 성장하도록 지원한다.

집수리 사업을 할 때이다. 참여자 중에서 특별히 기억나는 사람이 몇 명 있다. 기택 형과 이치삼 씨다. 기택 형은 왜소한 체구에 말이 어눌하다. 사람들과 눈을 마주치려 하지 않고 모이라고 해도 뒤에 서서 좀처럼 나오지 않는다. 이치삼 씨는 거대한 체구로 힘이 장사다. 삼국지의 장비에 빗대도 손색이 없다. 힘이 좋은 만큼 먹는 것에 진심이었다. 함께 먹다 보면 말릴 때가 있다. "있을 때 먹어야 한다"며 웃는 미소는 일품이다. 착하기는 우리 사업단의 천사이며 부처님이다. 새벽에 출근하며 끌고 오는 손수레는 작업장에 올 때쯤이면 폐지나 고물로 가득 채워져 있었다. 두세 시간은 족히 걸린 일이다.

집수리를 위해 공구와 재료를 실은 승합차를 이용한다. 집수리할 집에 도착했다. 집 근처로 가까이 갈 수 없어 도로에 공구와 재료를 내려놓았다. 차량을 주차 가능한 곳으로 가며 작업 지시를 했다. "제가 차를 주차하고 올 테니, 여기 있는 공구와 재료 전부를 저기 보이는 집 앞으로 옮겨놓으세요." 주차를 하고 돌아와 보니 깨끗하게 옮겨 놓았다. 아뿔싸! 내려놓은 곳 근처의 주차 금지판과 주차 금지용 물통과 쓰레기봉투 등 우리 물건이 아닌 것도 몽땅 옮겨놓은 상황이다. 머리에 총 맞은 기분이다. 착하디착한 기택 형이나 치삼 씨는 나의 말대로 근처의 모든 것을 옮겨놓은 것이다. "알아서 할 줄 알았다"는 나의 착각이었다. 지시를 잘못 내린 나의 실수이다.

더불어숲 헌책방을 만들다

나는 종이책을 좋아한다. 계기는 누님이 읽던 책을 보면서였을 것이다. 고등학교 시절 감명 깊게 읽은 책이 조해일의 『갈 수 없는 나라』이다. 이후 봉천동 고개 중턱에 삼우서점이라는 헌책방을 다녔다. 책방 주인은 나이가 들었고, 키는 매우 커 보였다. 깡마르고 턱에 수염이 있다면 링컨을 닮았다. 조용한 편으로 주인의 형님도 청계천에서 헌책방을 하신다고 하셨다. 헌책을 통해 책을 접하게 되었다. 삼우서점을 다닌 추억이 이후 인천의 배다리 헌책방을 찾게 되었고, 중구자활에서 인터넷 헌책방 '더불어숲'을 열게 되었다.

2000년 초기에는 헌책을 정리하다 보면 책 포장지가 많았다. 책이 정가제이고 책의 보존성을 높이기 위해 책을 새로운 포장지로도 싸주었다. 서점마다 나름대로 책 포장지를 가지고 있었다. 인천의 동인천역 앞 동인서림과 대한서림은 책 포장지로 책을 싸주었다. 누 서점은 인천 사람들의 약속 장소로도 유명했다. 4층 건물 전체가 서점이자 약속을 기다리며 책을 볼 수 있는 대한서림의 추억은 인천 시민들에게는 특별한 장소였다.

동인천역 앞에서 제물포고등학교, 인성여고로 오르는 길에 인터넷 중고 책방 '더불어숲'이라는 온-오프라인 헌책방을 열었다. 서울에서도 소문을 듣고 찾아오는 이도 있었다. '더불어숲'이라는 이름을 짓고 글씨를 선택할 때 신영복 선생님과의 관계도 결정의 계기였다. 성공회대학교 노동 아카데미에 참가하고 있었고, 신영복 선생님에게 글씨 사용 허가도 받아서 썼다. 자활 사업으로 헌책방을 한 것은 전설이 되었다.

책방에는 나이 든 사람들이 많았다. 자유공원을 찾는 사람 중에서 책 좀 읽은 분들이 많았다. 추억이 많은 동인천이고, 삼치 골목과 자유공원, 인천여고와 제물포고, 인성여고와 인일여고를 중심으로 동인천 학군을 이루는 곳이다. 축현초등학교의 역사까지 포함한다면 인천 학군의 발상지이기도 하여 인천 사람들의 추억이 깃든 곳이다.

추억의 거리에 자리 잡은 헌책방은 이야깃거리의 사랑방 구실을 겸하기도 했다. 사회적기업으로 많은 사람의 부러움도 있었지만, 자리를 옮겨야 하는 사정으로 후임자에게 물려주고 많은 추억을 뒤로했다. 다시 도전하고 싶은 헌책방 사업이다. 나를 키우고 여기까지 오는 데 많은 추억과 에너지를 준 헌책방이기 때문이다.

VII. 시민 정치활동

지방선거를 향한 연대

2009년 말, 늦은 겨울이었다. 노동계 선배들과 김병상 신부님을 비롯한 시민사회 선배들의 송년회 자리였다. 누군가 "내년에 소원이 뭐냐?"고 물었고, 여러 바람들을 정리해 보았다. 다섯 가지로 모였다. 첫째, "안상수 얼굴을 안 봤으면 해." 둘째부터는 순서 없이 성모병원 노사 문제의 해결, 대우자동차 정문 단식 농성의 조속한 해결(비정규직의 정규직화 약속 이행), 대우자동차 판매 주식회사의 회생 계획 해결 그리고 콜트악기 위장 폐업에 따른 대책이었다. 인천 시민사회와 노동계, 종교계 인사의 바람은 이 다섯 가지로 모아졌다. 그에 따른 해결책은 2010년 지방선거에서 시장을 비롯한 기초 지방자치단체 단체장과 지방자치 위원의 탁월한 승리가 필요하다는 의견으로 모였다.

2010 인천지방선거연대 후보 단일화

윤인중 목사를 포함한 시민사회 중견 실무자들의 내부 토론회가 이어졌다. 안재환 선배, 조성혜, 박인규와 나를 포함한 시민사회 선배들의 조찬 모임이 이어졌다. 직장인들도 많다 보니 조찬 모임은 20~30명이 모였다. 간석오거리 삼화정은 24시간 해장국을 팔아 새벽 모임 장소로 좋았다. 2층 별관이 우리만의 자리로 적당했다. 동암 쪽 명가원 설렁탕도 24시간이라 조찬 모임을 자주 했다. 시민사회 원로들의 응원에 힘입어 2010년 지방선거 승리를 위한 모임이 구성되었다. 민주당을 포함한 진보 정당들과의 면담이 이어졌고, '평화와참여로가는인천연대'(인천연대)와 함께하기로 했다.

초기 논의는 2009년 12월 14일 인천시민사회단체연대(이하 시민연대)와 평화와참여로가는인천연대(이하 인천연대)가 모여 이듬해 지방선거에서 시민사회가 공동 대응(선거대연합)을 할 것에 대한 모임을 시작했다. 가칭 '2010 인천 지방선거 연대'를 준비해 2010년 2월 초에 발족 기자회견을 인천시청 입구에서 개최했다.

당시 공동대표단으로는 강광, 김병상, 박종렬, 이정욱, 홍성훈, 홍재웅 등이 상임 공동대표를 맡았고, 김계성, 김기홍, 김도진 등 다수가 공동대표를 맡았다. 공동집행위원단에는 김일회, 박인규, 안재환, 윤인중, 이원준, 장금석, 조성혜, 홍학기 등이 상임 집행위원을 맡았다. 상설 위원회 위원장 및 단장으로는 안재환 집행위원장, 박인규 정책위원장, 장금석 조직위원장, 홍보선전위원장에 내가 이름을 올렸다. 참여단체는 인천민예총, 인천녹색연합, 민주노총 인천본부 등 20여 개 단체가 주축을 이뤘다.

선언문의 시작은 이러했다. "진보 개혁 진영의 선거 대연합으로 지방선거 승리하자! 각박한 시민의 삶, 질식하는 지방자치, 후퇴하는 민주주의, 2010 지방선거로 살려내자!" 선거 연대 진행팀과 정책 위원들은 정책 토론회를 준비했다. 3월부터 3차에 걸친 정책 토론회를 개최했다. "시민이 행복한 인천 만들기"라는 주제로 인천사랑병원에서 1차 토론회가 열렸다. 도시와 환경, 지역 경제와 일자리에 대한 발표와 토론이 이어졌다. 3월 말에는 2차 정책 토론회가 민주노총 인천본부 강당에서 진행됐다. 자치행정과 교육, 사회복지와 보건 의료, 여성 분야에 대한 논의가 이루어졌다. 4월 6일에는 종합 토론 방식으로 3차 토론회를 열었다. 이 정책 토론 자료를 정리해 정책을 통한 정책 연합, 선거 연합을 추진하는 토대를 마련했다. 이는 후보자 조정을 통한 선거 연합이 아닌 인천의 시민사회와 정당이 가치를 공유하며 정책 방향을 함께하는 정책 연합적 성격이 강했다. 그러기에 연대의 힘은 강고할 수 있었으며, 함께 정책적 실현 가능성을 높일 수 있었다.

정책 연합을 실현하는 선거 연대와 야 4당(민주당·민주노동당·진보신당·국민참여당) 인천시당이 6.2 전국 동시 지방선거에서 공동 정책과 후보 단일화를 통한 선거 연합에 합의했다. 선거 연대와 야 4당 인천시당 위원장들은 4월 8일 인천시청 브리핑룸에서 기자회견을 열고 지방선거 연합을 위한 합의문에 서명했다. 이 합의문 서명은 지역 단위로는 전국 최초였다.

정책 연합을 위한 세부 2차 합의문 발표가 이어졌다. 선거 연대와 야 3당(진보신당이 이때부터 독자 노선 선택)이 9개(자치행정, 지역 경제, 일자리, 도시 개발, 환경, 교육, 복지, 여성, 보건 의료, 문화) 분야에 합의했다. 선거 연합은 광역시장 후보는 정당 간 합의와 지방선거 연대 동의를 거쳐 선출하기로 했다. 기초 단체장 후보는 민주당이 8곳, 민주노동당이 2곳(남동구, 동구)을 책임지기로 했다. 광역 의원은 민주노동당 2곳(남구 4, 연수 2), 국민참여당 2곳(부평 3, 서구 4)을 맡았다. 시민사회 몫은 민주당에 입당하는 조건이었고, 이재병은 민주당에 입당한 상황이었다. 이한구가 마지막으로 합의했다. 이한구의 마지막 협상은 송영길 후보와 홍영표 의원과 밤 11시가 넘기며 진행되었다. 선거 연대 실무팀인 안재환과 박인규, 나는 부평 시부야에서 늦은 밤까지 기다리며 마음을 졸였다. 12시 가까이 되어 이한구가 구청장 후보를 사퇴하고, 민주당에 입당하여 시의원 후보로 출마하기로 했다. 전체적인 구도가 완성되었다. 남은 것은 시장 후보 단일화와 기초 구의원 후보 간 단일화 논의뿐이었다.

시장 후보는 민주노동당에서 김성진 후보로 정해졌다. 민주당은 3월까지 김교홍, 유필우, 문병호, 한광원이 나섰다. 상대인 안상수 후보와의 여론 조사에서 더블 스코어로 지지율이 나왔다. 승산이 없다는 것이었다. 그럼에도 오차 범위 내에서 경쟁 가능한 후보는 송영길이었다. 당시 4선 민주당 국회의원이었다. 여러 경로를 통해 송영길의 시장 후보 진출을 모색했지만 4선 의원을 내려놓고 시장 선거에 나서는 것은 도박에 가까웠다.

인천 지방선거 승리를 위한 지혜와 자문을 받고자「내일신문」장명국 대표를 만나기로 했다. 오순부 선배와 안재환 그리고 내가 서울 신문사로 방문했다. 장명국 대표는 "송영길은 4선을 포기하며 인천시장 선거에 나서지 않을 거다. 서울시장 후보를 시켜준다면 보다 큰 꿈을 위해 광을 팔 수 있지만, 인천시장 후보로 출전하여 만에 하나

2010 인천 지방선거

떨어진다면 낙동강 오리알 신세를 면하기 어려울 것"이라며 송영길이 쉽게 결단하지 않을 것이라고 했다. 송영길의 출마를 위한 중앙당의 노력과 인천 시민사회계의 노력이 필요할 것이라고 주문했다. 여담으로 다른 시, 도의 지방선거 상황을 들으며 인천의 선거 연대 상황에 대한 장명국 대표의 칭찬이 있었다. 서울시의 일부 '민들레 연합'으로 소규모 선거 연대 과정도 들었다.

한 달여가 지나 송영길 후보의 출마가 확정되었다. 송영길의 출마에 따른 선거 지형은 자리를 잡아갔고, 시장 후보 단일화 기준이 빠르게 진척되었다.

인천시장 후보 단일화 방식이 만들어졌다. 여론조사 50%와 배심원단 전수 조사 50%였다. 여론조사 기관은 민주당 추천과 선거 연대 추천 조사 기관으로 정해졌다. 구·군별 인구, 성별 구성비에 따른 무작위 추출 명부를 두 개로 구분하여 조사하기로 했다. 조사 문항은 "인천시장 후보로 야권 단일 후보에 누가 적합한가?"를 묻는 단일 문항 방식의 조사였다. 그리고 배심원단 전수 조사는 지방선거 연대 회원에 등록한 2,010명 전수 조사(여론 조사 기관 의뢰)로 진행했다. 여론 조사에 앞서 「오마이뉴스」에서 두 후보 간 정책 토론회도 진행했다. 4월 말 3일간 진행된 조사 결과가 5월 1일 노동절 오후 6시에 선거 연대 사무실로 전달되었다. 민주당과 민주노동당 실무자를 포함하여 선거 연대 실무 대표들이 함께 있었다. 무난하게 송영길이 이길 것이라고 생각했지만 실무팀에서는 고심이 많았다. 여론조사에서 김성진 후보가 15% 이상 나온다면, 시민단체 전수 조사에서 90% 이상 송영길 후보보다 김성진 후보가 나올 것이 불 보듯 뻔했기 때문이다.

안재환 집행위원장이 여론조사 결과지를 받았다. 인천 시민 여론조사 2개, 시민단체 회원 전수 조사 1개였다. 누군가 제안했다. "여론조사라는 것이 숫자로 되어 있고, 숫자가 이후에 많은 오해를 갖고 올 수 있으니 안재환 위원장이 여론조사 결과지를 보고 최종 결정만 하자"고. 안재환이 옆방으로 조사 결과지를 들고 들어갔다. 약간의 시간이 흐르고 나서 최종 경선 후보로 송영길이 2010년 범야권 단일 후보 인천시장 후보로 결정됨을 발표하였다. 다음 날 5월 2일, 인천시청에서 인천시장 야권 단일 후보 경선 결과 발표와 함께 '2010년 지방선거 승리를 위한 야권 연대' 출정식을 했다.

2010년 선거 연대는 늦게 출발했지만 흐트러짐 없이 서로의 이해와 연대의 시간으로 힘 있게 출발했다. 진보신당의 독자 노선이 약간의 불협화음으로 서로 안타까움이 있었지만, 승리를 위한 거대한 파도는 승리의 물결을 만들었다. 중앙 정당과 다르게 인천만의 정당들은 선거 운동원의 색상을 통일하고 서로의 선거 차량 지원을 위한 노력을 했다. 시민사회와 노동계 선배들의 지원 유세와 지지 선언이 이어졌다. 교육계 선언과 문화 예술계의 지지 선언, 노동계 100인 선언 등 각종 분야에서 지지 선언과 동참이 이어졌다. 그전까지의 지방 의회에서 33명의 시의원 중 야당은 선출직이 한 명도 없었다. 유일하게 민주당의 비례 시의원인 이명숙 의원이 유일했다. 이명숙은 한 명의 역할이 아닌 10명 이상의 역할을 했다. 이 정도의 상황에서 송영길 시장 당선과 9개 구청장의 승리 그리고 90%에 가까운 야권 연대 시의원이 배출되었다. 시민사회 선배들의 2010년 다섯 가지 희망 중 하나를 이루게 되었다.

　야권 단일화를 위한 과정에서 개인적으로 기억에 남는 것을 적어본다. 2009년 인천시민사회단체연대 총회에서 회원 중에서 차기 지방선거에 시민후보 전술을 하기로 하였다. 선수로는 광역의원 후보로 강병수와 이한구, 기초의원으로는 이성수와 이은주를 보내기로 하였다. 그동안의 마을 활동이나 사회적 경력을 염두에 둔 결정이었다. 지방자치 20년을 준비하며 시민사회에서 당선 가능한 야당 후보를 지원하는 방식에서 직접 선거에 참여하는 계기를 마련하기로 하였다. 내가 부평구에서 공장 생활과 자활복지 사업 그리고 마을공동체 활동으로 '동네야 놀자' 활동을 인정해 준 결정이었다. 지방정치 학교를 기획하기도 하고 진행한 경험이 결정에 도움이 되었다.

　선거 연대 활동과 지방자치 출마를 위하여 준비를 하던 중이었다. 선거 두 달여를 앞두고 선거 연대의 윤인중 대표와 안재환 선배, 박인규가 "점심을 함께 하자"며 청천동으로 나를 찾아왔다. 선배들에게 "우리 동네까지 왜?"하며 식사 장소로 갔다. 선거 연대 상황을 점검하며 식사를 하면서 선배들은 술을 빠르게 비웠다. 윤 대표 왈, "성수야, 네가 이번 선거에서 빠져 줘야겠다"고 거두절미하고 직설 화법으로 시작하였다. 인천 전체의 후보 단일화를 위한 나의 사퇴를 권했다. 짧은 시간의 고민이 이어지고, 나는 말했다. "나는 빠질 수 있다. 그래야 민주노동당의 김상용이 이길 것이라고 본다"고. 그러나 나는 말을 이었다. "내가 빠진다면, 서구의 진보신당 이은주와 민주노동당의 권정달의 후보 단일화를 위해 권정달의 불출마를 약속해 줘야 한다"고. 이후 민주노동당의 김상용은 구의원에 당선되었다. 서구의 이은주와 권정달은 단일화가 되지 못하고 둘 다 낙선했다. 아마 야권 단일 진영이 아닌 진보신당과 민주노동당의 조직 이기주의가 두 사람의 낙선으로 이어진 것이 아닌가 한다. 이후 시민 활동으로 팟캐스트 활동으로 강병수 의원과 이한구 의원, 조강희와 내가 인천시민팟을 하였다. 2년간 즐거운 활동이었다. 엄원무 감독과 이장열 작가의 도움이 컸다. 부평에서는 부평시민팟으로 일제하 육군조병창과 굴포천 관련 팟캐스트로 진행하였다.

시민사회 특보, 정치 행정

송영길이 인천시장이 되면서 특별보좌관 제도를 강화했다. 처음으로 야당인 민주당이 인천시 행정부를 운영하게 되니 집행 경험이 전무했다. 전문직 교수와 전문가를 분야별로 두어 자문과 업무 협의를 하도록 했다. 처음으로 발령장을 받은 특보는 세 명이었다. 경제 특보는

박찬대 의원 당선 축하 인천시민팟캐스트
(왼편부터 필자, 박찬대, 고 강병수, 조강희. 2016년)

김대호, 도시재생 특보는 홍경선, 시민사회 특보는 내가 맡았다. 김대호는 인천을 제2의 수도로 발전시키는 데 기여했다. 인천발전연구원(현 인천연구원)의 연구원들과 영종도에서 43대 3명의 특보가 좌담회를 열었다. 늦은 밤까지 이어진 토론은 인천시 정책에 대한 심도 깊은 시간이었다. '제2의 수도 인천' 공약은 너무 거창하다. '제2의 경제도시 인천'이 적당하다로 시작해서 도시재생과 일자리 문제, 행정 개혁 내용 등 밤늦도록 진행하였다. 인천의 정책 연구 단위 인천발전연구원의 역할에 흥미를 갖게 되었다.

시민사회 특보로 인천시청에서 일할 때였다. 상담 겸 부탁하러 오는 사람들이 많았다. 이제야 말하지만 특별 민원을 담당하던 시절이었다. 특히 시청 앞에서 시위하는 개인과 집단과의 민원이 많았으며, 몇 사람을 거쳐 면담을 요청하는 경우도 많았다.

오는 사람마다 지난 선거에서 자신들의 활약상을 떠벌리는 사람이 많았다. 가지고 오는 기획안이 살살 캐비닛에 쌓여갈 때쯤이었다. 찾아오는 사람들의 말에서 몇 가지 단어가 나오면 귀를 막는 버릇이 생겼다.

'귀를 막는다는 것'은 대화를 하면서 상대방의 이야기를 한쪽 귀로 듣고, 다른 쪽으로 흘려보내는 마음의 모습을 말하는 것이다.

첫 번째는 억 단위 이상의 돈을 쉽게 얘기하는 사람이다. 둘째는 시청의 과장급이나 시의원을 친구나 동생처럼 이야기할 때다. 그러한 단어가 나오면 긴장이 풀리면서 듣기는 하지만 마음은 콩밭으로 갔다가, 바닷가로도 가고, 한없이 '듣기 명상 모드'로 바뀌게 된다. 나보다 과장이나 의원들이 배경도 세고 영향력도 높기 때문이다. 나를 높게 봐주는 것은 좋지만 나의 영향력은 민원 처리의 방법이나 공무원 세계에 대한 이해력을 높여 민원이나 기획안이 잘 성공하기 위한 요령과 편의를 봐주는 정도이기 때문이다.

그러다 "누구와 누구를 잘 안다", "어떤 사업을 아냐? 내가 알려주겠다, 이런 사업이 제일 중요하다", "어떤 사업을 하면 인천시가 빛이 나고 광을 팔 수 있다" 등 자신의 계획과 기획을 말하기가 일쑤였다. 그래서 무언가를 '안다'는 것에 대한 의문이 들어 영업을 잘하는 동료들을 만나서 '사람의 관계에 대하여' 물어보았다.

상대가 사람을 아는 척하면 이렇게 물어보라는 것이었다. "그 사람하고 몇 단계까지 가보았느냐?"라고 말이다. 그러면서 '안다는 것의 8단계설'을 알려주었다. 1단계는 '명함을 교환하고 인사를 한 관계'를 일컫는다. 인사를 하고 명함을 교환하면 아는 사이가 되는 것이다. 2단계는 영업 상대방과 최소한 점심을 한 번이라도 한 사이를 말한다. 3단계는 저녁 식사를 한 경우이다. 4단계는 상대와 소액(200~300만 원 이하) 거래를 마무리하고 2차까지 가는 저녁 식사를 한 단계를 말한다. 다음 단계는 약간 높은 단계를 성사하고 노래방까지는 간 단계였다.

관공서 영업이든 일반 기업을 상대로 영업을 하고자 하면 구매 담당이든 영업부든 상대 담당자와의 관계가 중요하다. 기획만으로 이루어지기보다는 사람의 관계에서 풀리는 경우가 많다. 사람이 중요하다. 6단계는 국내 여행을 함께 간 사이다. 낚시, 등반, 캠핑 등을 더불어 갈 수 있는 사이 그리고 가족까지 함께한다면 금상첨화겠다. 7단계는 해외여행이 되겠다. 사람과의 관계가 쉽지 않다. 그러나 단계를 너무 도식적으로 생각하지 말아야 할 것이다. 몇 가지 요령이 필요한데 글로 쓰기 어려운 점이 많다. 마지막 8단계는 형제자매 같은 혈연관계로의 격상을 말한다. 설명이 긴 이야기지만, 친구의 노하우를 통한 상담을 하며 많은 생각을 하게 했다.

시민사회운동

인천시민사회단체연대와 선거 연대 단체들과 함께 계양산 골프장 저지 운동과 경인운하 반대, 인천조력발전소 반대와 영리병원 건립 반대 등 많은 사안들을 시민사회와 공조하며 막아냈다. 지방선거 전 시민사회 노동계 선배님들과의 다섯 가지 약속인 성모병원노동조합 정상화와 GM대우자동차 비정규직해고자 복지투쟁, 대우자동차판매 노동조합의 정상화는 시민사회의 요구를 적극 반영하였다. 그럼에도 불구하고 콜트악기 노동조합의 요구인 원직 복지 투쟁을 마무리하지 못한 것은 아쉬움으로 남는다. 반대 운동만이 아니라 남북문제와 인천 시사편찬, 무상급식과 각종 위원회에 시민사회 전문가의 행정 참여를 통한 민관 협력을 이룰 수 있었다.

시민연대 총회(위)와 시민연대 시민사회 포럼(아래)

VIII. 광역자활과 도시재생

일자리는 건강한 가족의 든든한 토대

필자는 사회복지 현장에서 평생 생활보호대상자를 위해 일했다. 무료 장례 사업인 '추모의 전화'에서 일을 시작했고, 1990년대 말 외환위기 당시에는 결식아동의 급식과 함께 이들을 돌보는 공부방을 운영했다. 우리 사회가 더 나아지기 위해서는 국가의 미래인 아동들의 건강과 교육이 중요하다고 생각해서였다. 지금은 서민들의 일자리를 찾아주는 일을 한다. 현장 경험이 일자리의 중요성을 일깨워 주었다.

공부방에서 일할 당시의 일이다. 한 아이가 새로 들어왔다. 조그마한 체구의 아이였는데 가정이 어려워 공부방에서 하루 끼니를 해결했다. 하루는 다른 아이와 오목을 두다 크게 싸움이 났다. 나는 다친 상처를 치료해 준 다음 일장 훈시를 했다. 나중에 들으니 아이 아버지가 실직 상태였다. 속이 상해 술을 마시고 집에만 있다 보니 매일 부부싸움을 벌인다는 것이었다. 아이들을 교육하는 것에 앞서 부모들의 직업과 일자리가 중요함을 느꼈다.

노동은 그 자체로 신성한 가치를 지닌 숭고한 행위다. 나아가 가정의 경제적 토대이자 건강을 위한 활동이기도 하다. 부모가 열심히 일하는 가정의 자녀는 사회를 바라보는 시각이 다르다. 그런 부모와 함께 생활하는 아이들은 희망을 가지고 건강하게 자란다. 그래서 부모의 실직은 가정의 행복을 빼앗는 치명적인 사건이자, 더 크게는 사회 근간을 흔든다.

일자리 창출 사업을 시작하며 서민들의 일자리 필요성을 누구보다 절실하게 느낀다. 건설 노동자와 공단 봉제 노동자들의 일자리가 기계화, 고급화와 기업의 해외 진출로 줄어들고 있다. 산업 구조의 변화와 이윤 창조를 위한 기업 활동은 이해한다. 하지만 국내에서 새로운 일자리 창출로 국가와 사회에 기여할 수 있다는 점도 고려했으면 싶다.

요즘 산업의 변화로 일자리를 잃은 단순직 노동자들과 함께 자활 공동체 건설을 위한 사업도 벌이고 있다. 자활 공동체 건설은 이윤은 작지만 많은 일자리를 만든다. 이는 곧 가정과 아이들에게 희망으로 이어진다. 다행히 사회적기업육성법과 협동조합기본법이 생겼다. 이제 사회적 경제 생태계를 이루기 위한 발판이 마련된 셈이다. 전문가들은 당분간 국내외적으로 경제가 어려울 것 같다고 많이 예상한다. 이런 때일수록 국민이 일할 수 있는 기회를 더 많이 제공해야 한다. 그래야 국민이 삶에 보람을 느낀다. 그래야 가정이 건강해지고 사회가 안정된다. 그래야 우리나라의 미래에 희망이 있다. 그래야 국민이 행복한 대한민국이라는 목표에 한 걸음 더 다가갈 수 있다고 생각한다.

자리의 어려움

광역자활센터장이 되고 얼마 후 생긴 일이다. 인천여성노동자회 이례교 회장에게서 전화가 왔다. "친구야, 좀 보자!" 하여 얼떨결에 여성노동자회 사무실로 갔다. 이례교 회장이 말했다. "너희 광역자활센터 내에서 민원이 들어왔다. 성희롱 문제다." 두 가지 당부 사항을 전했다. 첫째, 가해자와 피해자를 직장 내에서 분리하고 인사위원회를 소집해 처리할 것, 두 번째는 "2차 파도를 조심하라"는 것이었다. 특히 두 번째 사항은 1차 처리가 쉽지 않기 때문에 단도리를 잘하라는 말이었다. 머리가 복잡해지고 잠이 잘 오지 않았다. 가슴이 먹먹해졌다. 짧은 기간이 아니라 쉬쉬하며 지내 온 과정이 길었다. 여성 직원들 사이에서 많은 이야기들이 오갔다. 나의 첫 번째 임무이기도 했다.

성희롱 예방 교육은 매년 의무 교육이었지만 실제로는 효과가 없었다. 타 기관 책임자의 조언을 구했다. 경험이 있는 센터장들은 단호하게 문제 제기를 했다. "인사위원회를 열고 공개로 전환하면 이후 복지 기관에 취업이 어렵다. 자진 사퇴를 시켜라"고 한다. 가해자와 다수의 피해자 면담을 했다. 인사위원회를 열기로 마음먹고 가해자에게 말했다. "인사위원회까지 가게 되면 자료가 남고 회복하기 어렵다. 그러니 이 정도에서 정리하는 게 좋겠다." 가해자는 잠시 휴가를 내기를 원해서 그 주 안에 결정하기로 하고, 금요일 면담에서 자진해서 사표를 쓰는 것으로 마무리했다. 2~3주간의 수면 부족과 고민이 해결되었다. 몇몇 직원의 문제만이 아니라 우리 기관을 비롯해 쉬쉬하던 인천시청과 자활 지원 센터에 많은 영향을 미치는 문제였다. 성희롱 예방 교육과 차별 금지 교육, 정보 보안 교육과 청렴 및 부패 방지 교육 등 각종 인권 교육이 새롭게 다가오게 만든 계기였다.

사회적 경제 강사단 양성 교육을 진행했다. '찾아가는 사회적 경제 교육'을 기초 지자체와 교육지원청이 협약을 맺고, 주로 중학생을 대상으로 사회적 경제 이해 교육을 진행하는 사업이었다.

사회적 경제 기업은 사회적기업과 협동조합, 자활 기업과 마을 기업으로 크게 분류할 수 있다. 사회적 가치 실현과 일자리 창출을 중심으로 이해하면 좋겠다. 사회적 가치는 환경, 복지, 문화, 교육 등 사회적으로 인정하는 가치를 창출하는 데 기여하는 바가 있어야 한다. 또한 일자리 창출에 기여하는 기업을 알리는 계기가 될 것이다.

입학식을 겸한 "사회적 경제 이해하기"라는 주제로 강의에 앞서 인사말을 했다. 수강생들의 자기소개 시간을 들으니 퇴직 예정자와 가정주부로 사회적 경제를 배우러 온 분들이 많았다. 기존에 사회적 경제에 소속하여 일했던 분들도 강사 양성 과정에 참여했다.

사회적 경제 강사 양성 과정이며 중학생을 대상으로 강의할 수 있는 능력을 기르는 과정임을 강조했다. 먼저 '강의하기 어려운 자리'에 대해 물었다. 답하는 사람이 없었다. '강의의 무덤'이라는 주제로 이야기했다. 강의가 어려운 곳으로 첫 번째는 교수를 상대로 하는 자리다. 가르치는 사람 중 최고이니 쉽지 않다. 두 번째는 기업가와 고위 공무원이 참석하는 자리다. 공부를 꽤 많이 하는 분들이다. 세 번째로는 스님과 신부님, 목회자들을 대상으로 하는 강의 자리 아닐까? 주로 강의나 설교를 업으로 하는 분들이다. 네 번째는 불려 온 사람들(민방위와 예비군 참여자 교육, 교통 범칙자 필수 교육, 자활 참여자로 시간 때우기용 참가자)로 구성된 자리이다. 그리고 앞의 분들보다 더욱 어려운 자리에서 강의해야 하는 "중학교 2학년을 대상으로 하는 자리일 것이다"라고 말했다.

중학교 2학년은 집중력이 5분을 넘기기 어렵다. "아이들이 듣는 척이라도 하면 만족하시고, 앞줄의 두세 명과 눈 맞춤을 하면서 눈이 마주치는 학생과 대화한다"는 기분으로 교육하기를 권했다. 한 명의 학생을 위한 열정적인 강의에 만족하고 들어주는 학생에게 감사해야 할 것이다. 교육 욕심을 내려놓으셔야 할 것입니다. 이는 나에게도 적용해야 하고, 스스로 다짐하는 강의 요령이기도 하다.

사회적기업가 사관학교

자활 사업이 복지 영역이지만, 자활 공동체와 자활 기업을 만들어 자립의 터전을 만드는 것도 매우 중요한 임무다. 자활 기업, 사회적기업을 만드는 것은 경영적인 측면이 강했다. 영업과 생산 관리뿐만 아니라 노무와 세무 관리 등 다양한 경영 활동이 필요했다. 한때 방송통신대학교 경영학과에 편입하여 경영학을 배우기도 했지만, 현장의 내용이 많이 부족하다는 것을 느끼고 중도에 포기한 적이 있다.

광역자활센터의 교육비와 자활센터 간부의 사비를 합하여 비싼 교육을 신청했다. 휴넷과 서울대 경영학과가 함께 진행하는 온라인 과정이었다. 현장 중심의 교육 과정을 전체 교육생이 온라인 교육을 시청하고, 주 1회 모임 방에서 함께 토론 학습을 진행했다. 월 1회 오프라인 모임은 내가 직접 참여하고 모임 시 발제를 하기로 했다. 오프라인 모임의 열기는 대단했다. 개별 비용도 만만치 않았지만, 참여자가 대기업 기획실과 간부들도 많았다.

가장 기억에 남는 교육은 젊은 교수의 강의였다. 교수는 서울대 학생들에게는 교재를 선택하지 않는다고 했다. 교재를 알려주면 교재를 중심으로 사고를 하기 때문이라고 했다. 책과 교재는 몇 년 치 자료의 축적으로 만들어지고, 학회 활동과 월간지는 몇 달 치 자료와 연구의 축적물이라고 했다. 시시각각 바뀌는 경제활동과 기업의 내부 정보를 통한 미래 전략이나 활동의 경험은 인터넷과 외국의 기업들 정보를 스스로 학습하지 않으면 우리나라 경제활농의 미래를 만들어 갈 수 없기 때문이라고 했다. 교수는 무언가를 알려주는 사람이 아니라 질문을 하는 사람이라고 했다. 함께 미래를 고민하고 정보와 연구는 여러분들이 해야 한다고 한다. 스스로 미래 전략을 세우고, 질문을 만들고 답을 찾아나가는 과정이 필요하다고 했다.

휴넷 MBA 과정을 마무리하며 소회를 나누는 과정이 있었다. 서로 돌아가면서 한마디씩 했다. 내가 덧붙인 말이다. "지금까지 배운 바를 상급자에게 사용하지 말라. 나만 힘들어질 뿐이다. 동료와 후배들의 모범을 보이는 모습일 때 행복할 것이다." 평가의 눈을 상급자나 선배에게 바란다면 힘만 들고 감정만 상하게 될 것이 염려되어서 하는 말이다. 특히 리더십이나 팀원 관리에 대해서 더욱 그렇다고 했다.

정경사숙에서 배우다

2006년 12월, 실업재단 후원과 숭실대가 주관하는 제1회 사회적 기업가 아카데미를 개최했다. 40명 정원이 순식간에 채워졌다. 오리엔테이션은 1박 2일로 남산에 있는 유스호스텔에서 열렸다. 12월 중순 남산 오르는 길에는 눈이 내렸다. 강의실로 수강생들이 하나둘 모이더니 40명이 넘었다.

입학식은 안재환 선배와 함께 참석했다. 강휘석 선배를 소개받았다. 강 선배는 구로 시민센터와 가깝게 지내며 통일 뉴스에도 많은 후원과 지지를 보낸다고 했다. 입학식이 끝나고 조별로 모였다. 사회는 내가 보기로 하고 서로 인사하는 시간이었다. 머리에 붕대를 감고 온

박정자는 얼마 전 사고로 머리를 다쳤다고 했다. 장애인 기업을 하는 방대진은 다리에 깁스를 하고 왔다. 추가로 등록된 것은 아니지만 정원 외 방청만이라도 하게 해달라고 막무가내로 온 친구들이 6~7명 정도였다. 정식은 아니더라도 청강생이라도 좋으니 참석만 하게 해달라며 들어온 친구들이다. 실무팀과 협의하고 참여하기로 했다. '배움에 있어서 정원 마감이라고 다음 기회를 기약할 것이 아니라 저 친구들처럼 배움에 끈질김이 있어야겠다'고 생각했다.

수강생들의 열기와 교수단의 열정은 대단했다. 특히 금요일 밤 10시에 끝나고도 뒤풀이에 빠짐없이 모두 참석하는 모습에 서로 에너지와 열정을 나누었다. 전라도와 경상도 남쪽에서 버스와 기차를 환승하며 올라온 수강생들과 밤늦도록 이어진 술자리는 서로에게 힘이 되었다.

아카데미의 마무리는 일본 연수 프로그램이었다. 전체 수강생과 숭실대 실무팀, 함께 일하는 재단 실무팀이 일본의 사회적기업과 협동조합을 견학했다. 마지막 날은 동문회 조직을 만들기로 하고 임원 선거를 하기로 했다. 몇 명의 후보가 압축되어 갔다. 나는 실업극복국민운동본부팀으로 분류되어 있었고, 강휘석 선배가 후보로 나온다고 알려져 있었다. 친화력이나 포용력이 뛰어난 선배였다. 자활 라인은 관악 자활의 김승오 센터장, 실업재단 쪽은 방대진 센터장이었다. 실업재단 실무팀에서 전날 밤에 나를 불러 협상을 하자고 했다. 실업극복국민운동본부 쪽에서 강 선배만 아니면 누구라도 좋으니 좀 말려달라고 했다. 실업극복팀들의 회식 자리에서 슬며시 강 선배에게 소식을 전하니 웃기만 했다. 선배들과 협의를 하고 나서 내가 회장 후보로 나가기로 했다.

강휘석 선배의 활동이 회장을 위한 포석으로 오해가 있을 수밖에 없을 정도로 적극적이고 활동력도 높았기 때문이지, 욕심이나 조직을 운영할 마음은 없었다고 본다. 어찌어찌해서 회장 선거가 진행되었다. 라인별로 후보가 결정되고 선거에 들어갔다. 라인들의 구성 인원들은 실업재단과의 호불호 관계가 있었고, 실업재단과 실업극복국민운동본부 간의 갈등은 꽤 깊은 상처가 있었다. 이번 기회를 토대로 실업극복과 사회적 경제 조직 간의 협력을 모색하는 자리로 만들어야겠다고 생각했다. 각 후보를 공동대표로 하고 내가 상임대표를 맡기로 하여 숭실대 사회적기업가 1기 동문회장을 맡게 되었다. 숭실대 담당 정무성 교수님도 사전에 알고 계시던 은사였다. 내가 서울신대 사회복지학과에 늦은 복학을 했을 때 담당 교수님으로 잘 졸업할 수 있도록 많은 도움을 받았던 분이다. 어찌 되었든 동문회는 전국을 돌며 월 1회 모임을 가졌고, 이후 캐나다 사회적기업 연수 프로그램에도 참여하며 사회적기업가 양성의 초석을 마련했다.

계약기간 3년이 지나며 광역자활센터를 마무리하였다. 자활은 사회복지과 사회적 경제의 경계에 위치하였다. 보다 사회적 경제를 위해 사회복지계를 떠나 사회적 경제 영역으로 전환했다. 인천광역자활센터는 보건복지부 소관으로 사회복지와 사회적 경제의 중간 조직이라면, 이후 사회적기업·협동조합통합지원기관은 노동부에서 만든 사회적 경제 지원 조직이다. 통합지원기관 센터장을 하면서 국토교통부 도시재생 사업과 행정안전부 마을기업 조직을 육성하기 위한 도시재생 사업을 하게 된다.

청천동 희망지사업 사무실 개소식

공동체의 온도: 마을의 상처를 꿰매자

2016년 사회적기업협동조합통합지원 인천센터의 센터장으로 있을 때였다. 안재환 선배와 이명숙 햇살어린이집 원장 선생님이 면담을 하자고 했다. 청천동에서 도시재생 사업을 하고자 하는데 내가 책임자로 기획에서 집행을 맡았으면 좋겠다고 제안했다. 그동안 인천광역시 활동을 주로 했지만 마을과 동네에 빚진 마음이 있어 도시재생 사업을 준비했다. 우리는 맑은내마을 도시재생 사업으로 시청과 구청에서 마을 실태를 조사하기 위해 맑은내로 왔다. 마을을 한 바퀴 돌며 마을 상황과 개선 사업의 필요성을 설명했다. 우리와 함께 부평3동 재개발 중단 지역도 부평에서는 두 곳이 선정되었다. 이후 부평3동은 도시재생팀과 재개발 조직과의 갈등으로 무산되었다.

1차 연도 사업을 마무리하며 국토교통부 도시재생 뉴딜 사업으로 확대하기 위해 준비를 했다. 인천도시공사로 기초 지자체 8개 서류가 신청되었다. 서류 심사에서 4개소가 선정되었고, 대전 LH공사에서 발표회를 하기로 했다. 부평구에서도 도시재생과 팀장과 담당의 도움을 받아 대전으로 갔다. 내가 주민자치위원장의 타이틀을 가지고 설명을 했다. 몇 주간의 준비가 발표를 마지막으로 끝났다. 결과는 인천에서 유일하게 우리 구가 당선되었다. 홍미영 구청장에게서 축하 전화가 왔다.

부평구 청천1동 마을공동체 '맑은내마을 주민모임'의 '공생(工生) 공생(共生) 맑은내마을' 사업이 국토교통부가 공모한 '2018년 하반기 도시재생 뉴딜 소규모 재생 사업'에 선정됐다. 인천에서 유일하게 선정된 사업이다. 이 사업은 마을 주민과 지역 중소 공장, 상인들이 협업해 마을 기록 남기기, 재생 계획 수립, 마을 관리소 운영, 마을 특화 환경 개선 사업, 마을 축제 기획·개최 등을 추진하는 사업이다. 소규모 재생 사업은 소규모 점 단위 사업에 지역 주민이 자발적으로 계획을 세우고 참여해 도시재생 사업의 주역이 될 수 있도록 돕는 사업이다. 이후 '공생공생, 맑은내마을 마을관리사회적협동조합'이라는 법원 등기소에서 가장 긴 이름의 법인 등기를 했다. 마을 활동가로 주민자치위원장으로 활동이 반영되어 '나눔과더함 부평사회적경제마을센터'의 센터장으로 자리를 옮기게 되었다.

'동네야 놀자'의 추억

청천동에서 공장을 다니고 자녀와 함께 지낸 기간이 20년이 넘었

'동네야 놀자' — 청천·산곡 마을 단오제(2001년)

다. 우리 동네에는 '여럿이 함께하는 동네야 놀자'라는 마을공동체가 있다. 마을에는 '책사랑'과 '터사랑'이라는 청년 조직이 있었다. 주민들의 모임으로는 햇살어린이집을 중심으로 한 친목회와 공부방 부모들 모임이 있었다. 단오 때가 되면 주민들이 모여 작은 마을 행사를 했다. '책사랑'과 '터사랑'이 합쳐 '터사랑'이 되고, 회원인 권오균 사장이 어느 날 제안을 했다. 자신의 회사에서 버는 돈의 일부를 지속적으로 후원하고 싶은데, 청소년 사업을 하고 싶다는 의향을 밝혔다. 주민 모임에서 논의하여 2001년 단오 축제를 만들고, 어르신 식사 대접을 하기로 했다. 권○○의 후원금이 마중물이 되었다. 권 사장은 부모님 두 분이 일찍(본인이 고등학생 때) 돌아가시게 되어 학업을 이어가기 어려워 자퇴를 고민했다는 것이다. 친구의 아버님이 마을 우체국장으로 계셨는데, 학비 걱정 말고 학교를 계속 다닐 수 있도록 지원을 약속했다. 이후

그가 사회생활을 하며 지원받은 금액만큼을 모아 친구 아버님을 찾아뵈었다. 친구 아버님은 그 돈은 내가 받고자 한 것이 아니니 사회를 위해 쓰도록 하라고 했다고 한다. 이러한 권 사장의 후원과 주민 모임의 활동이 바탕이 되어 '동네야 놀자'가 탄생했다. 이후 이어진 활동으로 뫼골문화회관 건물을 위탁받게 되는 성과를 이루었다.

〈평등가족〉

몇 년 전에 MBC에서 명절 양성평등 가족 촬영 의뢰가 들어왔다. 지인으로부터 우리 가족이 〈평등가족〉 다큐로 추천되었다고 했다. 장모님께 전화를 드리니 기꺼이 응하시겠다고, 환영한다고 하셨다. MBC에 통보하고 촬영에 임했다.

처가는 익산 왕궁면에서 살면서 아들 넷, 딸 둘 6남매를 두었다. 명절이 되어 장인, 장모 포함 일곱 가족이 모이면 20명이 넘게 북적인다. 식사도 한꺼번에 같이하기 어려울 정도이다.

한 해는 장모님이 아들들에게 "나는 아들이 많으니 다음 명절부터는 한 가족씩 돌아가면서 처가에서 명절을 쇠라"고 말씀하셨다.

이 이야기를 이웃에게 술 안줏감으로 이야기한 것이 돌고 돌아 MBC 명절 프로그램 〈평등가족〉에 출연하게 된 계기가 되었다.

추석을 맞이하여 장모님과 큰아들이 차례 준비를 위해 금마시장에 장보기를 갔다. 촬영팀이 따라붙자 시장이 들썩였다. 고향으로 내려오는 가족마다 마을 입구에서 먼저 온 장남과 통화하면서 촬영팀의 지시에 맞춰 마당에서 연출용 포옹과 큰절을 했다. 또 마루에 둘러앉아

송편을 빚고, 김치도 담근다. 뭉텅뭉텅 소고기를 넣은 고깃국을 끓여 거실에서 식사를 하였다. 꼬박 1박 2일의 밤늦은 촬영을 마무리하였다.

추석 당일 이른 아침부터 가족들이 모여 〈아침마당〉을 시청했다. 5분 정도의 방송에 조금 허탈했지만 몇몇 지인으로부터 전화도 받았다. 즐거운 추억이었다.

어쩌다 보니 주민자치위원장

사단법인 뫼골문화회관을 설립하고 주민 활동과 회관 위탁 사업을 진행했다. 위탁할 때 다양한 주민 모임이나 관변 단체에서도 위탁을 위한 노력이 서로의 갈등으로 나타나기도 했다. 서로가 통합하여 법인체를 만들고 진행하는 가운데 내가 이사장을 맡았다. 법인 회원들과 동네야 회원들이 주민자치회에 들어가기로 하여 나도 신청서를 썼다. 6명이 함께 들어가기로 했는데, 뚜껑을 열어보니 나만 서류 접수를 한 것이다. 서류 준비가 안 돼서, 아직 마무리할 일이 많아서 등 이유로 접수를 못 했던 것이다.

면접은 동장, 주민자치위원장과 간사 세 사람이 면접관이었다. 안○○ 동장님의 지원 사격하에 일사천리로 진행하다가 간사가 마지막으로 질문했다. "이성수 씨는 진보입니까, 보수입니까?" 잠시 '이게 무슨 상황?' 하면서 답을 했다. "젊어서 진보가 아닌 사람이 있겠어요? 그러나 나이도 들고 이리 구르고, 저리 구르다 보니 지금은 중도입니다." 면접 심사는 가볍게 통과하였다. 주민자치위원으로서 동네살이 활동과 회의 참석이 동장의 주요 자문 활동이었다.

2017년 12월 마지막 주민자치위원회 회의가 있었다. 2년의 임기인 다음 위원장 선거가 있는 회의였다. 동장은 시장이 주최하는 사무관 회의로 불참했다. 대신 공○○ 팀장이 편지를 읽었다. 편지를 읽은 것이 화근이었다. 1년간의 소회와 당부 내용에 발끈한 바르게살기 회장이 문제 제기했다. 팀장의 혼잣말이 오해를 불러오고 서로 고성이 오갔다. 주인 없는 고성에 주민자치위원이나 참석한 구의원들도 중재가 불가능한 상황이 되었다. 10여 분간의 난장 회의는 나○○ 의원의 "이후에 동장이 오는 대로 진상 조사를 하겠다"는 중재로 회의가 진행됐다.

어수선한 가운데 차기 위원장 추천을 받았다. 바르게살기 회장과 권○○ 주민자치위 부위원장과 내가 추천을 받았다. 바르게살기 회장이 고사했다. 권 부위원장도 고사하니 나도 고사하게 된다. 추천자의 발언과 추천받은 사람의 고사가 긴 시간 이어졌다. 답답한 시간이 흘렀다. 위원장이 마지막으로 추천과 후보자의 발언을 듣는 시간이었다. 나이와 경력순으로 이어진 발언은 또 고사였다. 마지막으로 나의 차례가 왔다. 나이가 가장 많은 옆자리 위원이 나에게 "고사를 하지 말라"고 했다. 나는 일어나 말했다. "열심히 하겠습니다." 이렇게 해서 어쩌다 주민자치위원장이 되었다.

며칠 지나지 않아 주민자치위원회 이국재 고문님이 맑은내 사무실로 방문했다. 축하의 말씀과 함께 넌지시 질문을 했다. "근데 위원장 선거할 때 경선을 했나?" "아니요." 짧게 대답하니 다행이라고 하시며 말을 이었다. "무언가 동네에서 합의나 추대 방식이 아닌 선거를 하면 편이 갈라지고, 임기 동안 계속 편이 갈라지더군" 하셨다. 경험에서 나오는 조언으로 들렸다. 이후에도 각종 임원 선거가 있을 때마다 가슴

맑은내 청천주민자치위원회

에 새긴 교훈이다.

도시재생과 마을 사업인 맑은내주민모임 활동과 주민자치위원회 위원장 역할이 도움이 되어 부평구청 전문직 공무원으로 임명장을 받았다.

공무원 생활은 무탈하였다. 그럼에도 2023년 공무원 생활을 마무리하며 잊지 못할 일을 남긴다. 잊지 말아야 할 일이기 때문이기도 하다. 110점짜리 공무원을 떠나보내며 탄원서를 썼다. 6개월이 지나서 순직으로 인정을 받았다. 정○○ 주무관 부모님께 다시 한번 사죄를 드린다. 수고해 주신 노무법인 돌꽃의 노무사에게 감사를 드린다.

탄원서의 시작은 이렇다. "고인은 2022년 초 구민활동지원팀으로 와서 외청인 부평사회적경제마을센터에서 함께 일하였습니다. 고인의 이전 근무자는 팀장급 행정직이었습니다. 타 부서 공무원으로부터 고인이 근무했던 이전 근무지 이야기를 들었습니다. 110점짜리 공무원이랍니다. 칭찬이 자자하답니다. 많이 궁금했었지요. 이후 함께 근무와 식사를 함께하며 어짊과 예의 바름, 솔선수범의 근무는 동료들의 평판이 거짓이 아니라고 생각하게 하였습니다. 부평의 미래, 행정의 든든한 기둥이 될 것이라고 믿어 의심하지 않았습니다. 운동신경도 좋고, 배움에 있어서도 충실함으로, 요령보다는 연습을 통한 성과를 내는 모범공무원입니다."

오랜 시간 많은 면담과 회의를 거치며 순직으로 결정이 되었다. 꿈에서 정○○ 주무관이 나타나 함께 인사를 하였고, 밝은 빛의 하늘로 떠나는 모습에 감사를 드렸다. 매해 정 주무관 가족분들과 부평가족공원으로 추모의 예를 갖추고 있다.

시민사회단체연대 실무자 평화기행
― 2023년 10월 27일부터 10월 30일까지

여행 준비

인천시민사회단체연대는 매년 소속 단체 실무자들의 평화 기행을 기획한다. 러시아, 베트남 등 '전쟁 반대와 평화를 위한 기행'을 진행해 왔다. 2023년에는 실무자 모임에서 먼저 일본 나가사키를 여행지로 정했다. 원폭의 피해와 평화를 배우는 시간 그리고 실무자들 간의 친목 도모를 위해 마련된 시간이었다.

이번 여행의 목적은 무엇인가. 원폭의 피해와 원자력 발전 저지 투쟁의 현장을 느껴보자는 생각이 먼저 들었다. 젊은 실무자들과 나가사키의 원폭 피해 자료 및 현장에 대한 자료를 찾아보았다. 부족한 상태였지만, 반원발(反原發, 일본식 표현으로 반핵을 의미) 활동가들로부

인천시민연대 실무자 평화기행(2023년)

터 설명을 듣기로 하고 반핵 단체를 섭외하기로 했다.

여행에 앞서 "일본인에게는 예(禮)를 차리지 말라", "아첨하는 약자로 오해받기 쉽고, 그러면 밟아버리려 든다", "역사를 부정하는 일본에게 미래는 없다"를 부제로 하는 박경리 작가의 『일본산고』를 읽으며 여행을 준비했다.

여행의 의미는 두 가지였다. 첫째, 100년 전인 1923년 9월 1일 토요일 11시 58분, 일본 요코하마 앞바다 사가미만을 진원지로 하는 진도 7.9의 강진이 도쿄와 간토 일대를 강타했다. 지진 발생 세 시간 후인 오후 3시부터 "조선인들이 불을 지르고 다닌다", "조선인들이 우물에 독을 탔다", "조선인들과 공산주의자들이 습격한다"는 유언비어가 퍼지기 시작했다. 그리고 다음 날 도쿄 일대에 계엄령이 선포되었다. '조선인 폭동설'이 유포되기 시작했고, 일본 곳곳에서 조선인과 중국인, 사회주의자들에 대한 집단 학살이 자행되었다. 일본인들의 만행을 기억에서 지울 수 없었다.

둘째, 1945년 8월 9일 미군이 나가사키에 투하한 원폭으로 27만 명가량이 피폭당하고 7만여 명이 사망한 가운데, 조선인 피해자가 2만 명 정도이며 그중에 약 1만 명이 사망했다고 한다. 그리고 생존자 1만 명 가운데 귀국자가 8천 명, 잔류가 2천 명 정도였다. 글로만 읽었던 것을 눈으로 직접 확인하는 의미가 있었다.

줌 회의로 사전에 필요한 것을 점검했다. 날씨는 제주도와 비슷한 위도여서 영하로 내려가지 않으며, 중간에 비가 올 수 있다고 하여 우산을 준비했다. 일정은 여행사를 통해서 하고, 반핵 단체 섭외는 이미 사무처장이 연결하기로 하여 가볍게 준비하기로 했다. 비행시간이나 이동 시간이 길지 않아서 특별한 준비보다는 발을 위해 슬리퍼를 준비했다.

10월 27(월) 1일 차
: 이른 인천국제공항 가는 길, 후쿠오카의 첫인상

지하철 첫차를 타며, 노회찬 의원이 이야기한 '6411 버스'를 타고 출근하는 사람들이 떠올랐다. 출근을 위해 피곤함을 무릅쓰고 지하철에서 조각 잠을 잔다. 공항화물청사역과 운서역에 사람들이 많이 내렸다. 누군가는 일을 하고 여행을 한다. 하지만 그것을 지켜내고 밀어주는 힘은 첫차를 타는 노동자들의 노고가 아니겠는가.

허겁지겁 도착한 인천국제공항에서 셀프 체크인을 하고 수하물을 처리하니 30분이 지났다. 시간이 남아 흡연 동지와 흡연실을 공항 안내도를 보고 찾았다. 가는 도중 5번 게이트 구역에서 카메라 부대와 길게 늘어선 연예인 팬들이 모여 있었다. 다음 날 일본에서 출국하는 BTS의 지민 기사를 보며 어제의 공항 풍경을 이해하게 되었다.

수하물을 처리하고 공항의 줄을 따라다니다 보니 추위가 가셨다. 목도리를 풀고, 출국 심사를 하며 패딩을 벗어 손에 들고, 출국장에 들어서니 가벼운 옷으로 바뀌어 있었다. 면세점에 들러 담배를 샀다. 이른 아침에 출발하여 아침을 걸렀기에 맥도날드 버거를 함께하고, 출국에 앞서 출국 담배를 위해 흡연실로 직행했다.

후쿠오카 공항에 도착하니 영하의 날씨에서 출발했던 것과 달리 온화했다. 비행기에서 입국 심사표와 세관 신고서를 작성했다. 현지 안내를 맡은 홍 선생님이 '인천시민사회단체연대' 팻말을 들고 기다렸다. 버스에 올라 식당으로 향했다. 일본식 샤부샤부의 뜨끈한 국물로 몸을 녹이며 배를 든든하게 채웠다. 열기가 후끈 올랐다. 채식을 하는 동료가 있어서 옆자리의 동료들이 호사를 누리게 되었다. 홍 선생님께 이야기하여 이후 식사에도 신경을 써달라고 부탁했다. 후쿠오카의 날씨는 제주도와 비슷한 위도지만 눈을 구경하기 어렵고 영상 5도 정도에도 동사하는 상황이 생긴다고 한다. 제설차도 없으며, 눈이 5mm 이상만 와도 교통 통제하는 곳이 많다고 했다.

첫 방문지는 다자이후 텐만궁이었다. 우리나라의 도산서원처럼 학문을 하는 신사이다. 여아는 3살 또는 7살, 남아는 5살에 조상에게 신고식을 하는 풍습을 행하는 곳의 역할도 한다고 한다. 전통 예복을 입고 가족 단위로 끊이지 않고 행사가 진행되었다. 우리는 1,000년이 넘는 녹나무에 기원용 쪽지를 꽂고, 기원용 팻말 골목을 지나 일본식 신사를 구경했다. 마당과 정원을 청소하는 분들이 쉼 없이 낙엽을 정리하는 모습이 인상적이었다. 나가사키까지 먼 길이기도 하고 신사가 목적이 아니어서 버스로 돌아갔다. 이른 새벽부터 달려온 후쿠오카여서 버스 안에서 쪽잠을 잤다. 우리나라와 같은 시간대지만 경도의 차이가 있어 오후 5시 정도면 노을이 지고 어둠이 빠른 편이다. 나가사키는 협곡에 만들어져 부산과 같은 풍경이다. 협곡마다 마을들이 들어서 있고, 언덕 위까지 집들이 들어서 부산의 산복도로와 감천문화마을을 연상하게 한다. 나가사키에는 자전거가 거의 없다고 한다. 그만큼 언덕이 많아서일 것이다. 평지는 바닷가 부두가 정도이고 대부분 언덕이 굽이굽이 이어졌다.

뷔페식 식사는 함께한 일행들에게 만족감을 주었다. 채식주의자 동료도 매우 다양한 차림에 불만이 없는 듯했다. 약간의 반주로 식사를 마무리하고 안주와 술을 준비해서 모두 함께하는 자리를 만들었다. 새로운 환경과 우리만의 공간에서 일정을 점검하고 의미를 교환하는 시간이었다. 2차로 모인 방에서는 종교와 철학에 관한 진지한 대화도 오갔다. 그동안 나누지 못한 이야기였다. 새벽까지 이어지는 진지한 대화가 가능한 일정과 일행이 놀라웠다.

10월 28(화) 2일 차
: 원자탄 폭풍의 중심지 나가사키를 느끼다

평화공원과 원폭 자료 기념관으로 갔다. 우리나라의 전쟁 기념물 대부분은 전쟁기념관으로 표기되어 있는데, 일본은 자료관이라는 용어를 사용한다. 정확한 표현이라고 일행 모두가 입을 모아 이야기했다.

전쟁은 기념해서도 안 되고 기념할 수 있는 것이 아니다. 기억과 추도의 자리로 만들어야 할 것이다.

원폭의 피해는 방사능뿐만 아니라 열(천도가 넘는 열)을 동반한 빛과 폭풍(280km/h)이 먼저이고 피해도 70%에 가깝다. 마지막이 방사능이다. 낙진으로 피해 지역에 비처럼 내린다. 원폭 투하 이전과 이후의 비교 사진을 통해 피해 정도를 알 수 있었다. 중심부에서 3km 이내는 90%가 파괴되었다. 피해를 많이 주기 위해 원폭의 폭파 지점을 고도 500m 상공으로 정했다고 한다. 휘어진 성당 첨탑과 화재 감시탑을 전시관으로 옮겨 놓았다. 녹아서 엉켜진 유리와 그림자와 섬광으로 인해 생긴 손상들이 나무나 콜타르 벽에 흔적으로 남았다. 일본인 현지 가이드를 맡으신 기무라 선생님의 한국어는 어렵지 않게 잘 들리고 이해하기 어렵지 않았다. 70대 중반의 나이에도 열정과 걸음걸이는 어느 젊은이와 비교해도 뒤지지 않으셨다.

점심 식사 후 원폭으로 파괴된 천주교 성당을 방문했다. 나가사키 전체를 조망할 수 있는 언덕에 새롭게 조성된 성당은 흔적을 없앤 듯하다. 일부는 자료관으로, 일부는 미국으로 보내졌다고 한다. 나가사키의 명소인 골목을 지나며 신나게 사진에 몰두했다. 세월의 흔적과 고즈넉한 골목은 관광객들을 조용히 맞아주는 곳이기도 하다. 후쿠시마의 반핵 활동가와의 만남을 위해 급하게 자리를 정리하며 버스에 올랐다. 기무라 선생님과의 아쉬운 이별을 위해 모두가 평화 기행 현수막을 들고 기념사진을 남겼다. 버스가 떠나 보이지 않을 때까지 기무라 선생님의 손은 내려지지 않았다. 80을 바라보는 나이인데도 불구하고 시민사회 운동에 대한 마음에 고마움을 느끼게 하였다.

두 시간 30분을 달려 후쿠오카 반핵 활동가인 아오야기 씨를 만났다. 일본 규슈에는 규슈전력이 운영하는 원자력 발전소가 2개소가 있다. 사가현의 겐카이 원전과 가고시마의 센다이 원전이다. 겐카이 원전은 4기의 원전이 있고, 센다이에는 2기의 원전이 있다. 아오야기 씨는 후쿠오카 규슈전력의 겐카이 원전 재가동 반대 소송을 진행하고 있다.

인천시민사회단체연대 소속 일행들이 먼저 자신들을 소개하고, 규슈전력 원자력 발전 가동 중지를 위한 서명과 천막 농성 투쟁 이야기를 들었다. 일부 지역에서도 원자력 발전 가동 중지 소송이 진행되고 있는데, 히로시마 고등법원의 이카 원전 재가동 금지 명령이 내려지기도 했다. 일본의 전력 회사는 국영이 아닌 일반 기업이 운영되고, 전체 전력 중 30% 가까이 차지하고 있다. 원자력 발전 의존도가 높고, 후쿠시마 원전 사고에도 불구하고 일본 시민들의 반대 활동은 저조하다고 한다. 일본 시민들의 사회적 의식이 높지 않은 탓도 크다고 본다. 국가의 행정력이 막강하고 상대적으로 사회적 참여 의식은 발달하지 않았기 때문이다. 아오야기 씨와 함께하는 조그마한 노력에 응원을 보낸다.

10월 29(수) 3일 차
: 자유여행의 고행, 휴대폰 분실 소동

3일 차는 참가자가 자유롭게 삼삼오오 스스로 일정을 짜기로 했다. 나이가 좀 있는 일행들은 모모치 해변과 오호리 공원을 둘러보고 전통시장과 헌책방을 보기로 했다. 하루 전철 승차권을 사고 모모치를 보러 니시진으로 출발했다. 강변을 걸으며 도착한 해변은 인공 해안이었다.

신도시를 만들면서 간척과 매립으로 만든 곳이다. 두 시간도 안 되어 15,000보를 채우고, 오호리 공원을 가기 위해 지하철을 탔다.

아뿔싸! 오호리역에 내리고 나니 휴대폰을 지하철에 놓고 내린 것이다. 그야말로 대략 난감한 상황이었다. 역무소로 가서 손짓, 발짓으로 소통했다. 구글 번역기가 큰 역할을 하며 내용을 전달했다. 30분 후 열차가 다시 돌아온다고 하니 희망을 갖고 다시 탑승했다. 로밍하지 않아 통화는 불가능했고, 카카오 보이스톡을 계속하며 앉았던 자리 근처를 살펴봤지만 절망적이었다. 마지막까지 가며 살펴봤지만 찾을 수가 없었다. 포기하고 내렸던 역무소에 가서 분실물 중 휴대폰이 들어오면 로밍폰으로 연락 달라고 부탁하기로 했다. 그런데 내렸던 아카사카역에 도착하니 후지사키역에 휴대폰이 습득물로 들어왔다고 한다. 분실물 번호와 신분증을 가지고 가라고 했다. 친절하기도 하고 우리는 휴대폰 번역기로, 역무원은 아이패드 번역기로 대화했다.

다시 모모치 해변이 가까운 후지사키역으로 향했다. 습득물 처리를 위한 신분 증명서를 작성하고, 나의 휴대폰에 박인규 소장이 보이스톡을 했다. 습득물에서 소리가 울리고 휴대폰을 찾았다. 포기했던 휴대폰인데 찾으니 감개무량했다. 함께했던 일행들은 내기는 아니어도 '찾는다'와 '못 찾는다'로 의견이 분분했다고 한다. 점심을 함께하고 나만 떨어져서 텐진역 부근 일본 최대의 헌책방 체인점인 '북오프'로 갔다. '어린 왕자' 암파서점 출판사와 문구, 잡지를 샀다. 헌책 가격이 저렴해 득템한 기분이었다. 저녁으로 술 한 잔과 나카스강 주변 포장마차 거리에서 마신 맥주로 피곤이 몰려왔다. 몰려온 피곤함으로 먼저 숙소로 와서 떡실신되었다.

10월 30(목) 4일 차: 마무리하며

5번째 일본에 가면서 공통으로 느낀 점은 거리의 깔끔함과 사람들의 친절함이었다. 이번 평화 기행의 준비와 목적에서 자료를 찾고, 일본 반핵 활동가들의 열정에 고개가 숙여졌다. 나이가 지긋함에도 불구하고 열정을 갖고 살아가는 모습은 나의 이후 활동에 에너지가 되었다. 이후 시민 연대 실무자들의 쉼과 평화, 환경 기행을 기획하며 자료 준비와 모임을 기획함에 사전 준비가 매우 필요함을 느낀 2023년 평화 기행이다. 해외여행 시 구글의 기술(지도와 번역기 그리고 구글 렌즈)에 놀란 기행이었다. 박인규 소장에게 다시 한번 감사하고, 이미리 사무처장의 수고에 고마웠던 기행이었다.

인천-단둥-한겨레 서해협력 포럼

IX. 은퇴 그리고 새로운 시작을 준비하며

은퇴를 앞두고

　퇴직이 3개월 남았다는 생각에 마음이 조급하고 불안했다. 공무원 계약직 신분이라 정년을 넘긴 터였다. 퇴직 후 계획으로 수영과 방송통신대 공부 그리고 독서와 회고록 쓰기를 준비했지만, 막상 시간이 다가오니 손에 잡히지 않았다. 가슴이 답답하고 떨렸다. 선배들에게 조언을 구했지만, 불안한 마음은 쉽게 가라앉지 않았다.

　그러던 어느 날, 공무원 후배에게서 전화가 왔다. "센터장님, 퇴직이 1년 정도 남으셨는데 심정이 어떠세요?" 후배의 말에 급히 계약서를 확인해 보니, 정말 1년이 더 남아있다는 것을 알게 되었다. 한 달 동안의 마음고생이 눈 녹듯 사라졌다. '창현아, 고맙다!' 가슴을 쓸어내리며 안도감에 술 약속을 잡았다.

　마음이 진정되자 다시 계획을 점검했다. 첫 번째 목표는 바로 수영이었다. 초급반 강습은 신청하고 두 달이 지난 3개월 차에 시작할 수 있었다. 초기에 시작한 분 중 기권한 사람의 자리에 들어간 것이다. 새벽 5시 20분에 알람을 맞추고 잠이 들었다. 어김없이 울리는 알람에 눈을 뜨면 나의 애마 스파크를 몰고 수영장으로 향했다. 그렇게 수영을 배우게 되었다.

　두 번째 배움은 방송통신대 중어중문학과 입학이었다. 입학에 필요한 서류를 준비하다가 고등학교 졸업증명서가 있으면 1학년으로 입학할 수 있었지만, 신청 마감일이 임박하여 대학교 졸업장으로 2학년에 편입했다. 중국 관련 학과에 대한 오랜 관심과 호기심 때문이었다.

한문을 좀 알아서 쉽게 생각했지만, 중국어 실력 향상에 초점이 맞춰진 것을 알고는 후회가 밀려왔다. 언어 관련 학과는 기초가 없다면 편입해서는 안 된다는 것을 뼈저리게 깨달았다.

1982년 졸업생부터는 온라인으로 졸업증명서를 무료로 발급받을 수 있었지만, 그 이전 졸업생은 직접 학교를 방문하거나 팩스로만 가능했다. 그래서 전공과목은 1학년 위주로 선택하고, 동영상 강의와 출석 수업을 병행하며 즐거운 대학 생활을 시작했다. 미루었던 공부를 새롭게 하며, 보다 긴 호흡의 전망을 고민해 본다. 역사와 고전 독서가 나를 돌아보는 시간이었으며, 부평과 한반도의 미래를 연구하며 나를 다시 긴장하게 만든다.

놀이의 즐거움, 둘레길과 회고록 쓰기

정년을 뒤로하고 주어진 시간을 위한 즐거운 여행을 떠난다. 첫 번째 놀이인 독서는 좀 더 계획적으로 하기로 했다. 그동안 알라딘 헌책방과 공무원 생활을 하며 모아둔 책들이 책꽂이에서 나를 기다리고 있었다. 실패로 미뤄둔 책들이 많았기에 계획과 지속성을 높이기 위한 정리가 필요했다. 특히 새로운 책에 대한 정신적 부담이 커서, 기존에 읽었던 책과 새로운 책을 적절히 섞어 읽기로 했다. 다시 읽을 책은 '고전 100선'에 나온 것 중 이미 읽은 책들을 '도장 깨기' 방식으로 다시 도전할 생각이다. 새로운 책은 '한겨레신문 토요판'을 활용하기로 했다. 기존 책들은 유튜브 채널인 "일당백", "알릴레오 북스", "장강명의 인생책"을 보며 다시 읽을 책을 선택하고 있다.

두 번째 놀이는 회고록 쓰기다. 2020년부터 70대 선배님들과 60대

이상 동료들과 부평을 중심으로 둘레길 모임을 하고 있다. 매월 첫째 주 토요일 오전 9시, 산곡역 지하 만남의 광장에서 만난다. 원적산, 함봉산, 장수산이 가까워 걷기 좋다. 두 시간 동안 걸으며 살아온 이야기, 지금의 고민 그리고 추억을 나눈다. 가끔 가져오는 건강 간식은 즐거움을 더한다. 두 시간 정도 걸으면 원적산 공원 입구의 양다리 식당이 뒤풀이 장소가 된다. 둘레길 산행에 참여하지 못해도 뒤풀이만으로도 함께할 수 있는 모임이다. 함께 걷고 이야기 나누며 '회고록' 쓰기를 제안했고, 절반 이상이 동의하여 '내살이'(내가 살아온 이야기) 회고록 쓰기 모임을 갖게 되었다.

다행히 부평도서관의 도움으로 5월에 시작해 10월까지 이어지는 대장정을 시작했다. 격주 모임이었지만, 속도와 완성도를 높이기 위해 후반부에는 매주 모여 점검하고 서로 독려했다. 10월 초까지 원고를 마무리하고, 교정과 교열, 오탈자, 맞춤법을 점검한 뒤 소제목과 후기를 작성해 10월 말까지 완료하기로 했다.

처음에는 20여 명이 참여 의사를 밝혔지만, 최종적으로는 8명이 끝까지 마무리했다. 박남수, 이세영, 강태욱, 김영철, 안재환 선배님들과 나지현, 이승용 국장이 나와 함께 완성을 향해 나아갔다.

'막무가내'로 연표를 작성하고, 열 꼭지 이내로 생애사를 정리하며 회고록을 썼다. 글쓰기를 너무 쉽게 생각했다는 것을 깨달았다. 주관식 문제 풀듯이, 일기 쓰듯이 쓸 수 있는 게 아니었다. 회고록 쓰기가 어느 정도 마무리되면 인천과 부평 사람들의 기억을 기록하는 작업으로 발전시켜야겠다고 생각한다. 은퇴 후 주어진 일 외에도 이렇게 놀고 즐기며 배우는 시간이 나에게는 최고의 선택이다.

X. 글을 마무리하며

기억이 희미해질 때의 추억을 남기기 위하여

　내 주위에서 기억을 잃어가는 사람들이 늘어간다. 어머니의 회고록을 만들어 보며 서너 달을 못 넘기시는 것을 보고, 나의 기억을 남기기로 하였다. 대학 생활과 인천의 사회활동에서 많은 사람을 만나고, 배우며 사람을 살리는 일을 하였다. 스치기만 하여도 인연이라고 하는데 지금의 나를 있게 한 많은 이들의 선한 영향력을 남기고자 한다. 재산을 남기기보다 추억과 기억 그리고 사람을 남기고자, 내가 살아온 이야기를 남긴다.

　나의 영향력이 5%나 되지 않으면서 20퍼센트 30퍼센트의 과장되기를 두려워하며 글을 써본다. 초안을 써보니 자랑이 많았다. 큰일이 없다면 현재의 건강이 받쳐주면 15년은 더 살 것 같다. 오래 산다는 것보다는 하루하루의 의미 있는 삶에 대한 미련 때문에 그동안의 기억과 배운 바를 정리하고 새로운 출발을 위한 발판이 만들고자 하는 마음이다.

　글을 쓰기 전, 훈련 겸해서 100일 글쓰기에 도전하였다. D데이 10일 전부터 시작하여 100일을 넘기는 장정을 마쳤다. 격주와 매주 '내가 살아온 이야기'(내살이) 십여 명으로 출발하였다. 혼자서는 감당이 불감당하다는 것을 알기에 주위 동료와 선배들에게 각오를 알린다. 선후배들의 눈초리를 신경 써가며 나 자신의 나약함에 자극을 주었다.

　가까운 분들의 회고록을 보았다. 먼저 꼼꼼하게 읽은 것은 유동우 선배의 『어느 돌맹이의 외침』과 정동근 선배가 편집한 『초심이야기』

이다. 그리고 최근에 김영승 선배의 『소년 빨치산 김영승』을 읽으며 결심을 높였다. 조국에 대한 열정과 삶에 대한 진솔함을 느꼈다. 그동안 인천민주화운동센터에서 5년 차 『내살이』 구술집도 도움이 많았다. 가까운 선배들의 속살을 보는 듯하였다. 선배들과 함께 회고록 쓰기 여행에 감사를 드린다.

기억을 높이며, 집중을 위하여 유튜브 뮤직을 활용하였다. 어린 시절 쓸 때는 〈응답하라 1988 모음곡〉이 제격이었다. 특히 장철웅의 〈서울의 달〉은 배경 사진과 함께 기억을 살릴 수 있었다. 대학 시절을 회상하면서는 대학가요제와 강변가요제를 틀어놓았다. 사회복지와 시민 사회활동을 하면서 노찾사와 김광석의 노래에 빠졌다. 마무리를 적어 보면서 정태춘과 흘러간 가요가 기억을 불러내는 데 도움이 되었다. 사이사이 마음을 가다듬는데 첼로 모음곡이 나에게 위안을 주었다.

박스에 넣어놓은 20년 치 다이어리와 메모장을 펼쳐보았다. 기억 소환의 창고였다. 구글의 포토 드라이버도 기억의 저장소였다. 계속 이어지는 이야기와 기억을 적는데 나의 글쓰기 재주가 별로 없다고 느꼈다. 그래도 초안을 마무리하며 위안을 삼았다. 이제 내살이 글쓰기가 시작이라고 생각했다. 이웃과 동료의 기억을 되살리고, 저장하는 과정을 돕고자 한다. 6개월의 좋은 경험치가 쌓였다. 함부로 할 일은 아니다. 그럼에도 불구하고 좀 더 쉽게 접근할 수 있도록 계획해야겠다.

이성수 연표

1962년	서울 영등포구 구일동(옛 관악구 봉천동)
1981년	서울 용산공업고등학교 전자과
1991년	주)우성중공업노동조합
1994년	서울신학대학교 사회복지학과 졸업
1995년	성미가엘종합사회복지관
2000년	인천 부평지역자활센터
2003년	인천중구자활후견기관
2006년	전국자활후견기관협회
2007년	인천사회서비스지원센터
2008년	정다운요양보호사교육원 / 장애인활동보조인교육원
2009년	인터넷신문 인천in 기획실장
2010년	인천광역시장 송영길 시민사회특별보좌관
2013년	인천광역자활센터
2013년	인천재능대 전공실무 산학협력 특임교수
2015년	인천사회적기업협동조합통합지원기관
2015년	인천시민의힘
2015년	사) 인천주거복지센터
2018년	청천1동주민자치위원회
2019년	맑은내마을협동조합
2019년	나눔과더함 부평사회적경제마을센터